班主任工作方法探索

王 敏 著

吉林摄影出版社

·长春·

图书在版编目（CIP）数据

班主任工作方法探索 / 王敏著. -- 长春 : 吉林摄
影出版社，2023.9
ISBN 978-7-5498-5980-1

Ⅰ. ①班… Ⅱ. ①王… Ⅲ. ①高中—班主任工作
Ⅳ. ①G635.16

中国国家版本馆CIP数据核字(2023)第187940号

班主任工作方法探索
BANZHUREN GONGZUO FANGFA TANSUO

著　　者	王　敏	
出 版 人	车　强	
责任编辑	李　彬	
封面设计	文　亮	
开　　本	787 毫米 ×1092 毫米　1/16	
字　　数	180千字	
印　　张	8.5	
版　　次	2023年9月第1版	
印　　次	2023年9月第1次印刷	

出　　版	吉林摄影出版社
发　　行	吉林摄影出版社
地　　址	长春市净月高新技术开发区福祉大路 5788 号
	邮编：130118
网　　址	www.jlsycbs.net
电　　话	总编办：0431-81629821
	发行科：0431-81629829
印　　刷	河北创联印刷有限公司

书　　号　ISBN 978-7-5498-5980-1　　　　定　价　56.00元

前　言

　　班级是学校教导工作的基层单位，是中小学生健康成长的重要园地。在这个园地里，班主任的角色十分重要。班主任是全班学生的组织者、领导者和教育者，是学生健康成长、全面发展的引路人，是学校领导进行教导工作的得力助手和骨干力量，是协调校内各种教育力量的纽带，是沟通学校、家庭、社会的桥梁。

　　班主任对于学生有着管理的职责，班主任的管理是学生健康、全面、协调发展的关键。随着素质教育理念的不断深入，当前的课堂更应当认识到学生的重要性，关注学生的发展，充分发挥班主任的职责作用。尤其在高中阶段，学生的自主学习能力比较成熟，自我思维的成长也比较完善，班主任以往的全面管理已经不再符合"以生为本"的管理理念。作为一名高中班主任，应当始终树立新型班级管理理念，优化班级管理过程，完善管理手段，提升开展班级管理艺术，帮助学生的身心健康成长。

　　本书对高中班主任的管理艺术展开分析。主要内容包括高中班主任概述、高中班主任工作常现内容、高中班主任工作、高中班主任的素质修养、高中班主任组织和培养班集体的策略、高中班主任做好个别学生教育工作的策略以及高中班主任班级管理实践。

　　本书在编撰过程中，作者参阅、引用了有关著作和研究成果，在此一并表示诚挚的谢意。由于水平有限，不足和疏漏在所难免，恳请同行、专家和读者批评指正。

目　录

第一章 高中班主任概述

中学阶段是一个人身心发展出现多次转折点的时期，个体会面临很多问题，比如，如何顺利完成小初衔接，如何进行初高中转折时人生意向的选择，如何直面高中毕业后的职业定位等。同时，青少年在此阶段也经历着自我的内在整合与成长，因此，他们常常面临着困惑与矛盾。

自实行班级授课制以来，中学生解决诸多成长问题的环境主要是在班级中。近些年，中学发生了一些变化：中学的办学投资主体呈现多元化；中学的教育教学及其管理更趋专业化；社会对人的要求突出了个性与创新力。这些变化反映出社会要求教育关注创新与和谐发展并进的价值取向，并间接地影响到班级。因此，为了促进学生更健康地发展，我们需要重新认识中学班主任工作。

第一节 班级

班级，是学校里的基层组织，是学校行政根据一定的任务，按照一定的规章制度组织起来的正式群体。班级群体是儿童与青少年成长中重要的微社会环境，是他们社会化的重要场所。自 17 世纪中期捷克教育家夸美纽斯提出班级授课制以来，这种形式便一直被继承和沿袭下来，彰显出其特有的强大生命力。

一般而言，教学班有自己的特点：成员的相似性，即学生的年龄、文化程度、学习任务都是接近的；组织的严密性与强制性，学生由学校分派进入某一班级，一经编定就相对稳定，不能随意调班；活动的目的性与计划性，即严格按照教学计划系统地按一定的时间安排活动；教师的权威性，教师（包括班主任）是由学校行政指派，具有较大的职权。

班级作为学生成长的重要环境，具有很强的包容性，为学生全面发展提供了空间。

一、班级为学生成长提供空间

（一）物质空间

班级为学生成长提供的物质空间包含固定的物质空间与流动的物质空间。固定的物质空间主要指教室，当学生成为某个班级的学生时，他就有了属于自己的那间教室，这个物质空间给予他与其他学生在一起学习与生活的安定环境；流动的物质空间则指学生以班级为单位开展多种教育活动时所占据的空间，当学生在操场上游戏的时候，操场是他们成长的物质空间；当学生在田野参加社会实践的时候，田野就是他们成长的物质空间等等。

（二）精神空间

实践中，班级更重要的是为学生提供发展所必需的精神空间，即在建设班集体过程中，班级为学生的人格、品德形成所提供的发展机会、氛围、环境等。

一般而言，班级由一群相对固定的人组成，在围绕教育为目的而开展各种教育活动的过程中，共同体验各种情感和认识各种价值，创造属于自己的文化。经过一段时间的共建，班级逐渐具有某种文化特质，拥有使学生产生精神涵养的作用，即可形成班集体的精神核心。心理学家指出，教师要想对个别学生施加影响，与其把主要精力用在面对面的个别工作方面，不如大力创设一个具有良好心理氛围的集体。

良好的班集体通常具有积极向上、团结友爱、朝气蓬勃的氛围，这种氛围能对学生产生潜移默化的影响，其无形的力量可使每个学生热爱该集体，在集体中常存上进意识，自强自立，成为班集体生活的主动参与者。

某种程度上说，班级给学生提供精神空间，表明班级不仅是一个物质实体，即以物质生产和分配为主要职责和目的的实体，也是一个精神实体和道德实体，即以传递精神产品和形成个人精神为目的，时刻进行精神交往和精神建设的实体。对于这样一个实体，它的发展目标就是让学生达到精神的丰富和心理的健康。也就是说，班级不仅是一个物质存在，也是一个精神存在，更是一个促进学生全面发展的特殊环境存在。

二、班级中的个体与集体

形成一定的班级精神核心，需班主任在班集体建设过程中准确把握随时代变化而产生的个体与集体关系的变化，并能在此基础上科学和巧妙地驾驭班级发展方向。在既注重社会和谐发展，又重视个体创新能力的社会大背景下，班主任需要从以下三个方面把握班级中的集体与个体的关系。

（一）个体的逻辑优先性

集体的形成并不是件自然而然的事情，它需要全体成员的付出与努力，所以，班集体中个体具有逻辑上的优先性，即班集体的最基本的含义就是"为了每个人的个人的组合体"。组建班集体的逻辑起点就是把每个人都包纳在内，着眼于每个人，把每一个人看成是具有能动的或潜在的能动力的个体，把培养每个人在班集体中的自主能力作为教育班集体的根本任务。班集体不是建立在模糊或混淆个人自由和责任的基础上，而是建立在对这种自由和责任的共同而真实的尊重基础上。

班主任注重了个体的逻辑优先性后，在班级建设中学生就不是仅仅在执行着指令性任务的消极受教育者，而是以主人的身份积极参与到班级的管理、班级文化的建设中来。其独具个性的参与和努力，能使班级成为一个具有凝聚力和吸引力、具有独特文化与精神气质的集体。

（二）集体的逻辑超越性

以学生为主体的班集体的形成关键是这个集体并不是自发建立的，而是在教育者的帮助下形成的。班主任通过自己创造性的工作，把班级内所有学生都包容在内，形成真正平等意义上的联合体，并且使学生自认为留在集体里是按照自己的愿望，集体也同时自愿地容纳这些个人。

因此，班集体逻辑上的超越性表现在，它并不要求学生在发展上达到完全的一致，也不倾向让学生在智力因素方面展开激烈竞赛，集体主要是为了改善学生的关系和存在状态而设，为改善个体的人格特征而设。集体使学生在精神上相信他人、依赖他人、依赖班级，在精神上处于对自己和集体的双重信任之中，生活在一个能让他释放能量并相对自由的环境中。

（三）集体与个体的和谐统一

班集体的活动宗旨是调动每个人对于活动的热情，贯彻一种非压制的、非强迫性的活动方式，可以说集体由个体造就。然而集体一旦形成后，又成为一个相对独立的存在。集体与个体是一种辩证统一的关系，这种和谐使个体与集体相互依赖，有着共同的利益、共性的追求；同时，个体与集体又各有自己特殊的利益需要，价值追求，彼此相互独立。因此，在班级建设和发展过程中，应当处理好集体和个体之间的关系，不以集体之名否定个体的存在价值，也不以个体之利否定集体的存在价值。

第二节　班主任

学校教育是一个系统工程，班主任则是这个系统得以顺利有效运转的力量。班主任是学校中全面负责学生班级工作的教师。教育部《关于进一步加强中小学班主任工作的意见》指出，中小学班主任是中小学教师队伍的重要组成部分，是班级工作的组织者、班集体建设的指导者、是中小学生健康成长的引领者，是中小学思想道德教育的骨干，是沟通家长和社区的桥梁，是实施素质教育的重要力量。这指明了班主任角色多重性的特征，明确了班主任角色的地位，也框定了班主任工作的主要任务。

有人说，有什么样的将领就会带出什么样的兵，有什么样的班主任就会教出什么样的学生。这种说法有一定道理。班集体所表现出来的精神面貌，一定程度上是班主任教育思想和世界观的具体反映。班主任的任务就是要塑造一个集体的高尚灵魂，培养良好的班风。所以，班主任必须清楚地认识自身的职责，遵循科学规律，培养自身的威信，使班集体建设科学和合理地发展。

一、班主任的职责

班主任是根据社会的需求来培养、教育学生的。其工作的目的、任务、内容和手段等反映了社会的要求。因此，班主任应承担其作为班级工作的组织者、班集体建设的指导者、中小学生健康成长的引领者、中小学思想道德教育的骨干、沟通家长和社区的桥梁、实施素质教育的重要力量等。

班主任工作是一门科学，有很强的理论性，要运用许多其他有关的学科：教育学、心理学、社会学、管理学、语言学、美学等。所以，班主任对自身的职责越明确，其工作的自主性和创新性越强，越能有目的、有计划地提升自身的理论水平，从而灵活机动、科学有效地开展工作，对学生产生积极的影响。

我国《中学班主任工作暂行规定》第三条中对班主任的职责做出了明确的规定，比较全面地反映了班主任工作的各个方面，其职责可以概括为如下几个方面：

第一，保护。生命的成长需要细心呵护，中学阶段是人生中极具变化、发展迅猛的关键期，中学生的身心特征决定了这是一个"多事之秋"。对成长的渴望、对事物的好奇使他们充满热情和追求，但由于缺少生活的知识和经验，行为判断、选择能力存在着模糊性和矛盾冲突性等特征又使他们的行动存在盲目与冲动的一面。不夸张地说，中学阶段既是一个急剧发展的阶段，也是一个充满不确定因素甚至有一定危险性的阶段。因此，班主任在学生的成长中首先要承担的职责就是保护学生，使学生得到健康发展。

班主任要观察学生的学习和生活，关注学生的内心世界，关心学生各个方面的环境状况，随时与学生沟通交流，化解其心事与成长烦恼，避免可能的危险和伤害，尽可能帮助学生解决生活上的难题，保证他们安全健康地成长。

第二，管理。通常，中学每个班级有30~50名学生，他们在品德、智力、兴趣和性格等方面各有特点。要使这几十个富有个性的学生在一个班级中愉快地学习和生活，就需要班主任进行有效的管理。从班级计划、班级制度的制定到考核、评价与奖惩，从成立班委会、建设班级组织到深入了解和把握每个学生的思想情况和身心特点等等。

与此同时，班主任的管理工作是科学和艺术的结合。人是复杂多样的，处于青少年阶段的中学生敏感而多变。严格制度化的管理在班级管理中并不总是有效，有效的班级管理需要班主任更多的教育智慧和艺术。实践证明，许多所谓的"差班""乱班"，经过优秀班主任深入细致的并具有艺术性的管理工作，最终变成了优秀班集体。

第三，引领。中学生处在人生发展的定向期、转折期，走进中学生的内心世界，引领中学生的发展，是中学班主任的职责所在，也是其工作的重点。引领学生的发展，包括引领学生树立正确的世界观、人生观、价值观，认识是非、善恶、美丑，形成积极向上的生活理想和信念。同时，班主任还要以自己博大的胸怀、真诚的爱心感染学生，以精湛的专业知识和技能影响学生，以独特的人格魅力熏陶学生。无数事实表明，学生人生观的确立，思想品德的发展，智能的开发，学识的进步，以至将来人生道路的选择，都离不开班级环境的陶冶和班主任正确的引导与帮助。

第四，联结。学校的根本任务是教育人、培养人，而影响人成长的因素是多样的、复杂的，不是仅靠某位教师、某个班主任就能完成。因此，要实现学校教育的培养目标，就要将影响学生身心发展的多种因素协调与整合起来，形成教育的合力，真正有效地促进学生发展。

班主任要负责协调学校各方面关系，形成教书育人的氛围。要协调与任课教师、与有关部门的各种关系，尤其是要协调好与本班任课教师的关系，把各学科的教师组织起来，合理安排各门课程的作业负担、课外活动等，使各方面的教育力量拧成一股绳，更好地发挥和增强教育的整体效应。不仅如此，班主任还要负责协调校外各种教育因素的关系，主要包括协调与学生家庭、社区的关系。班主任是联结影响学生身心发展的各种教育力量的纽带，使学校、家庭、社区等力量形成教育的合力，促进学校教育目标的实现。

班主任是在学生心灵上耕耘的人，是班级的组织者、领导者和教育者，是沟通学校、家庭、社会的桥梁，是联系班级和任课教师、家长以及社区的纽带。一位优秀的班主任就是一位教育家，以自己的道德人格、创新能力、敬业精神，投入到班级的建设和促进学生全面发展的活动中，发挥着任何人都不能替代的特殊作用，成为班级中不可缺少的灵魂人物。

二、班主任的威信

威信，即威望和信誉。班主任威信是指班主任所具有的一种通过其人格、能力、学识及职务在学生心理上引起信服与尊敬态度的感召力量。

威信这个词往往容易与"权力"相连，这是两个既有区别又有联系的概念。权力是指个人或团体控制或影响他人行为的能力，不管这些"他人"是否愿意合作。班主任具有学校赋予的制订班级计划，组织班委会和班级活动，对学生进行操行评定，进行表扬、批评、奖励、处罚等权力。这种权力既是一种控制力，又是一种影响力，是与班主任本身的职务相应的。在这一点上，有别于其他任课教师。但是，如果一个班主任只凭手中的权力去管理班级，那必然导致专制，不可能实现其集体的目标和领导的功能。威信，是运用权力的心理基础。威信与班主任的自身素质和行为密切相关，它对学生心理和行为的影响是建立在信服的基础上，潜移默化地自然发生的。在教育实践中，班主任只有把权力和威信很好地结合起来，才能产生更大的影响，发挥更大的教育作用。

（一）班主任威信的来源

班主任的威信通常来自两个方面：一是由班主任的职务带来的；二是由班主任个人的人格和能力带来的。前者为职务影响力，后者为个人影响力。

职务影响力是每个班主任都具有的。担任了班主任，就承担了更多的对某个班级及班级全体学生的教育责任，拥有更多的对学生进行考核、奖惩和评价的权力，这就使得班主任在学生心目中有更大的影响力。

个人影响力主要由品格因素、能力因素、知识因素和情感因素组成。品格因素，包括道德、品行、人格、作风等，它能使学生产生敬爱感，自觉地仿效；能力因素，包括自学能力、教学能力、表达能力、组织能力、观察分析能力、教育能力等，它能使学生产生敬佩感，具有心理磁力，从而使学生自觉主动地接受影响；知识因素，教师的知识渊博，能使学生产生信赖感，其教育影响力也会增强；情感因素，凡是能使被教育者产生亲切感，使学生相信班主任的确爱护、关心自己，或赞同班主任的见解、喜欢班主任的做法等方面的情感体验，都会产生加倍的影响力，都会使班主任的施教产生更显著的效果。

（二）班主任威信的形成

班主任威信的来源中，更重要的是其个人影响力。任何规章和纲领，任何人为设置的组织都不能取代教育事业中的人格力量。离开教育者的人格对受教育者的影响，那么真正能深入到灵魂的教育是不可能的。班主任的人格对学生心灵的影响深刻而久远，甚至可能会影响学生的一生。

形成班主任威信的方法有很多，根据我国的教育现实和课程改革所提出的要求，有三条形成原则需要班主任予以重视和实践。

首先，真诚为基、平等共事、师生相容。班主任培养自身威信的首要一点是以真诚对待学生，而真诚最明显的表现就是在管理中做到师生平等，也就是班主任不超越于班级或凌驾于班级之上，而是把自己当作班集体的一员。

将一个原初的班级塑造成具有精神性的班集体，使班级不仅从知识获得的角度而言具有精神性，而且在人际交往上也具有精神性，需要师生在建设班集体的过程中接受并遵循班集体的约定，认可他们的身份在某种程度上被他们所处的社会环境所规定，这也表明，任何规则对教师应该具有同样的约束力。

班主任以真诚的心与学生平等共事，自觉地把自己融入班集体中去，其身份便能获得班集体成员的认可，使班级充满亲密与协商、平等与合作，学生情感上容易接纳班主任，也为班主任的言传身教奠定了基础。

其次，行教为重、身先士卒、师生相促。培养班主任的威信，还要求班主任加强品德修养，严于律己，注意自己的言行举止，起到表率作用。班主任是与学生接触最多的人，往往更能成为学生学习和模仿的对象。许多优秀的班主任都注重以自己高尚的人格来影响学生，要求学生做到的，自己总是首先做到；要求学生衣着整洁，仪表端庄，自己就要十分注意仪表和举止；要求学生诚实，自己就应该是个表里如一的人。班主任只有以身作则，才能赢得学生的敬爱，才能像磁铁一般地吸引着学生，也才能激发学生发自内心的对真善美的追求。

最后，言教为引、开智启慧、师生相应。班主任的威信是班主任开展教育的条件，是一种教育力量。但对威信的某些不恰当认识有时也增加了班主任的焦虑。威信是建立在能力、品德、职责基础上的影响力，体现了一种信服和信任的情感。但是，如果班主任在工作中出现失误，承认这些失误，会不会影响班主任的威信，该如何对待失误呢？

语言是人际沟通的重要工具，能够反映一个人的认识水平与价值观。当教师真正地从学识、能力、品德等角度入手提升自身水平树立威信时，他的言语就会真实有力，对学生认识社会和人生产生深远的影响。而当教师对威信没有正确的认识，教育有失误时，就难以正视自身的失误，言辞虚闪，就会对学生树立正确的人生观产生不良影响。

第三节　学做班主任

班主任作为班级教育的主任教师，其角色地位决定了他的工作有着与非班主任教师教学工作不同的特性，即除了负责组织、管理班级工作外，还必须承担更多的教育责任。班主任工作是一项专业性很强的工作，不是随便一个人都能够胜任的。

一、班主任的专业化

班主任专业化是特殊类型的教师专业化。目前，在教师专业化的进程中，还没有其他国家提出班主任专业化。中国教育学会德育专业委员会针对当前我国中小学班主任工作的实际情况提出了这个问题。2006 年 6 月，教育部颁布《关于进一步加强中小学班主任工作意见》（以下简称《意见》）中第一次明确指出："班主任岗位是具有较高素质和人格要求的重要专业性岗位""做班主任和授课一样都是中小学的主业，班主任队伍建设与任课教师队伍建设同等重要"。《意见》对于确立班主任的专业化地位，加强班主任队伍专业化建设具有重要意义。

班主任专业化的要求与内容，与非班主任教师专业化的要求与内容既有相同的方面，同时又有其特殊的方面。共同的要求与内容包括：任教学科的专业化，教育知识、教育能力的专业化（含教育学理论、心理学理论、青少年心理发展理论等理论修养与教育艺术等），以及对教师道德的要求。对班主任来说，学科教学更应当成为自己实施班级教育的一种方式、一种操作系统，而更重要的是探讨那些不同于一般教师专业化的特殊方面。

精神关怀是班主任专业劳动的核心内容。班主任专业化成为教师专业化的特殊方面，这主要是由其教育劳动的特殊性决定的。班主任的职责是组织、教育和管理班级，促进学生德、智、体、美、劳全面发展。班主任教育劳动主要的、内在的目的是育人，教育劳动的主要内容，或者说实质就是关怀学生的精神生活，促进学生的精神成长（至于班主任劳动的外在目的，可能有多种情况，这里不做讨论）。因此，精神关怀是班主任教育劳动的核心内容，也是班主任专业化的核心内容。理解了班主任工作的专业化属性，那么班主任通过实践、反思、学习、研究，通过培训和自我培训，使其素质达到班主任专业水平的过程，就叫班主任专业化。而成为一名专业的班主任，对于教育目的的达成、对于教师自身职业幸福的体验都具有十分重要的意义。

（一）班主任专业化有助于提升中学教师的职业素养

班主任一职被赋予了很多教育责任，在承担这些责任的过程中，班主任的教育知识、智慧和技能等都会得到更大的提高。担任班主任，能使一名教师更好地得到锻炼和发展，从而更好地提升自己的教育素养。

1. 担任班主任有助于更好地理解教育的本质

学校教育的本质在于育人，教书是育人的手段。然而，在实践中却存在将教书与育人分离的现象。有的老师说，我是化学老师，教学生学习化学知识是我的本职工作，至于育人，那是政治老师和班主任的责任。在这种观念的影响下，他们的教学便成了眼中无人的教学，这是一种对教育本质褊狭的理解和做法。担任班主任，能够增强每一位老师对教书育人的体验和感悟，增强教书育人的责任感，从而更好地理解教育的目的和本质。

2. 担任班主任有利于提高教师的管理技能

在班级授课的教育组织形式下，管理能力是对每一位教师一项基本的也是必备的能力要求。几乎所有关于教师效能的调查都指出，课堂管理技能足以决定教学的成败。不管教学成败是用学生的学习还是用人们的评估来加以测定的，结果都是如此。因此课堂管理技能在教学上举足轻重。一个缺乏课堂管理技能的教师，不会在教学上取得什么像样的成就。班主任在学校教育中承担着各种明确的班级管理的责任，这都有助于提高教师的管理能力，从而使得班主任在教学中能更好地管理课堂，进而取得更好的教学效果。

（二）班主任专业化有助于增强中学教师的职业幸福感

一些年轻教师在大学毕业刚刚走上中学讲台时，就有老教师叮嘱一定要争取做班主任，只有做班主任才能真正体会到做教师的滋味。班主任，因其全面负责一个班级学生的发展与成长，所以与学生的接触与交流频繁且深入，与学生的感情也常常是其他非班主任老师难以相比的。班主任付出很多、很辛苦，但是收获也很多，能够更充分地体验到职业的幸福感。

1. 班主任教师能够获得更多的精神资源

朝夕相处虽然意味着班主任更多的付出，但却使班主任与学生之间结成更为亲密的人际关系，形成其独特的精神资源。为了真正地教育和影响学生，班主任需要密切地关注学生，深入地了解学生，与学生沟通。这使班主任与学生之间的交往更为频繁、全面，师生间的感情也往往更为深厚。与学生关系融洽的班主任常常被学生们称为"头""老班"，或者其他独特的昵称。与学生的密切交往也将成为班主任教育教学工作获得更进一步提高的有力基础。

2. 班主任教师能够获得更多的职业成就感

学生的大部分时间在学校度过，班主任每天要为学生精心营造积极的氛围，这显然是一个非常有职责、有内涵的任务。但班主任并不是简单地对学生的不良行为做出反应，而是要通过创造性地建设来真正满足学生需要的环境，以确保学生积极健康的发展。这样一个创造性的工作能够给班主任带来更多的职业成就感。

3. 班主任教师能够获得更多的职业同一感

班主任一职，提供了教师职业的支持和慰藉，有助于他们克服对教育教学及其管理的焦虑，为教师职业的存在赋予了意义和目的。班主任专业化过程通过在更具体、鲜活、发展的事物体系中来解释教师的角色，使班主任通过与学生、教师等"他者"的交流来促进对学生和自身生命意义的探寻，使他们超越日常生活，践行对绝对的道德内涵和标准的追求，分享一些具有"终极"性的价值和信仰，其强烈的精神内涵和职业责任感，帮助班主任教师发展出一种与众不同的职业认同感和强烈的超越自我的感觉。可以这样说，班主任一职在某种程度上充当了评判各种学校教育行动、目标、理想、观念甚至教育本身的准绳。

（三）班主任专业化有助于丰富教师专业化的内涵

教师专业化这一概念正式提出于 20 世纪 60 年代。1966 年国际劳工组织（ILO）和联合国教科文组织（UNESO）在法国巴黎召开的"教师地位之政府间特别会议"上，通过了《关于教师地位的建议》，首次以官方文件的形式对教师的工作性质做了界定，对教师职业的专业化做出了明确的说明。它提出"教育工作应视为专门职业。这种职业是一种要求教员具备经过严格而持续不断的研究，才能获得并维持专业知识及专门技能的公共业务；它要求对所辖学生的教育和福利具有个人的及共同的责任感。"

我国的教师专业化进程在近些年得到教育界及社会各界的重视，并获得了一些宝贵经验。班主任的专业化就是根据中国学校教育的具体情况形成的一个独具特色的教师专业化基本体系。在漫长的教育历程中，班主任工作已经积累了极其丰富的教育理论和教育实践的经验，具有深刻的内涵。班主任工作作为一门学科，已经成为近现代教育理论和实践的重要组成部分。

在我国，班主任工作是一项极其复杂而又细致的工作，其所涉及的理论范围较广，所要求的实践能力较强。班主任是学校教育中的一个重要角色，也是每位教师职业生涯的必然组成部分。因此，每一位教师都需要学习和理解班主任的有关知识并接受班主任的专业教育和训练，这是教师专业化发展的一个不可或缺的组成部分；也是年轻教师更快地融入职业，有经验的教师进一步更新自身职业知识、提升职业水平的重要组成部分。

班主任专业化是我国中学教师需要予以关注的教师专业化内容。目前，在许多中学教师职称评审有关规定中，都把是否担任班主任并取得较好的教育效果作为一个必备的考核条件。每一位教师都应当认识到班主任职责是教师的分内职责，认真做好班主任是成为优秀教师的重要条件。

二、班主任专业化的课程学习

中学班主任工作是学校教育中极其重要的育人工作，既是一门科学，又是一门艺术。在普遍要求全体教师都要努力承担育人工作任务的情况下，班主任的责任更重，要求更高。做班主任和授课一样都是中学教师的主业，班主任队伍建设与任课教师队伍建设同等重要。加强中学班主任工作，对于贯彻党和国家的教育方针，全面提升教育质量，把加强和改进未成年人思想道德建设的各项任务落在实处，具有十分重要的意义。

（一）班主任专业化课程学习的内容

"中学班主任"是一门引领教师学习如何担当班主任之职的课程。通过"中学教育概论""中学生发展"和"教师职业技能"等课程的学习，大家对教师职业的意义和价值，对中学生发展的阶段特征，对教育的技能技巧等也已经有了一定的认识。在此基础上"中学班主任"这门课程将继续引领大家走进班主任工作的天地，了解班主任工作的主要内容和要求。比如，作为一名新手，在初接班级的时候应该做些什么？怎样才能更好更快地认识学生？怎样进行班级组织和班级文化的初步建设？班会课怎么上？家长会怎么开？纪律问题怎么管？有了冲突怎么办？如何指导学生的学习、品德和心理发展？怎样开展班级活动？怎样进行考核和评价等等。对这些问题的学习和思考都是成为班主任专业化所必需的。

（二）班主任专业化课程学习的方法

方法是达到目的的桥梁和手段。要想达到学好用好"中学班主任"课程、提高班级教育质量和效益的目的，必须掌握有效的学习方法。在研究和理解基础理论的基础上，通过案例举要、拓展阅读和活动训练等，在实践操作上下大功夫。如此，才能真正把班主任的知识、技能、方法、艺术领悟于心，学之能用，用之有效。

1. 以班主任工作实务的展开为学习线索

"中学班主任"课程以班主任工作实务的展开为逻辑线索，向学生展示了一幅班主任工作的全景：从新手上路初建班级开始，到班主任的评价工作，跟踪班主任工作的脚步，了解班主任工作的主要内容，理解班主任工作的意义和价值。在班主任工作的实务中理解班主任，学做班主任。

2. 以具体案例为教学情境

"中学班主任"课程学习不是抽象理论的研讨，而是在具体的案例情境中思考理论。班主任工作不仅是一门科学，也是一门育人的艺术。人的复杂性、多样性、变化性和独特性决定了班主任专业的学习不是一个纯理论的问题，停留在对纯理论的思考是不能真正把握教育理论的，也是不能真正做好教育人的工作的。班主任工作是研究人、教育人的工作，只有在具体的情境中才能更好地理解人的问题、做好班主任的工作。

3. 以研究性学习为基本方法

班主任工作是对人的教育和管理，这决定了班主任工作的复杂性。有时候，班主任会发现同样的方法适用于小甲但不适用于小乙，今天对小甲还管用可明天就不管用了。可见，学做班主任不是一个简单的技术和技能学习的问题，不是对优秀班主任的行为进行模仿的问题，而是需要学习者以研究的态度进行学习和思考，开展研究性学习。另外，长期以来，在班主任工作的理论和实践领域都已经积累了丰富的成果。但是必须看到，中学班主任工作面临许多新问题、新挑战。经济社会的深刻变化，教育改革的不断深化，中学生成长的新情况、新特点，对中学班主任工作提出了更高的要求。要成为一名称职的班主任，就要不断地研究和思考，创造性地开展班主任工作，研究性地学习本门课程会为学习者将来创造性地开展班主任工作打下坚实的基础。

第二章 高中班主任工作常见内容

第一节 高中班主任工作的基本任务

一、思想品德教育：培养品德高尚的高中生

对学生进行思想品德教育是高中班主任的重要任务，基本要求就是把高中生培养成一个品德高尚的人。这一任务可以分解成五个方面的教育内容。

（一）价值观教育

价值观是指人们关于基本价值的立场、取向和态度等。对于高中生而言，价值观实质上是一种内心的尺度，它支配着高中生的行为、态度、信念、理解等，支配着高中生认识世界、明白事物对自己的意义和自我了解、自我定向、自我设计等，也为高中生实践正当的行为提供充足的理由或方法论。高中班主任首先应该帮助学生建立一个正确的、理性的价值观系统，以指导高中生未来的健康发展。

对高中生的价值观系统的建构主要包括：社会价值观的建构，培养高中生对集体和他人的正确认识和科学态度；政治价值观的建构，培养高中生对权力和地位的正确认识和科学态度；理性价值观的建构，培养高中生对知识和真理的正确认识和科学态度；审美价值观的建构，培养高中生对色彩和形体的正确认识和科学态度；经济价值观的建构，培养高中生对效率和收益的正确认识和科学态度；宗教价值观的建构，培养高中生对信仰和追求的正确认识和科学态度。

（二）爱国主义教育

爱国主义不仅仅是一种感情，还是一种思想、一种精神。爱国主义应当是热爱自己的祖国，并具有为祖国的繁荣、富强、独立而献身的精神。总起来说，对高中生的爱国主义教育，其目的是振兴中华。

对于高中生的爱国主义教育，内容主要包括：民族自豪感的培养，就是培养高中生为自己伟大的民族而感到光荣和自豪的精神；民族自信心的培养，就是培养高中生充分相信自己民族必然越来越强盛的信念；国家独立和主权完整意识的培养，就是培养高中生在外敌入侵的时候，奋起保卫祖国的精神；民族团结和统一意识的培养，就是培养高中生维护民族团结和祖国统一的精神；国家进步和富强意识的培养，就是培

养高中生为了祖国的繁荣富强，努力创造物质财富和精神财富的精神。

（三）集体主义教育

集体主义就是主张个人从属于社会，个人利益应当服从集团、民族、阶级和国家利益的一种精神。对于高中生而言，集体主义教育就是要使高中生的言论和行动在获得自身利益的前提下，还要符合班级群体的利益，由此而延伸，让高中生意识到自己利益的取得还要符合广大人民群众的利益。

对于高中生而言，集体主义教育的内容包括：培养高中生把集体利益放在首位，主动为集体尽义务，努力做到个人服从集体，小局服从大局，局部服从整体；在保证集体利益的前提下，把国家利益、集体利益和个人利益有机结合起来，保证个人的正当利益和个人才能充分发挥。

（四）道德教育

道德是调整人们之间以及个人与社会之间行为规范的总和。这里的行为规范是指人们为了维护群体成员的共同利益，协调彼此关系产生的一些约定俗成、调节个人行为的准则。

对于高中生的道德教育应当包括：社会公德教育，以培养高中生爱祖国、爱人民、爱劳动、爱科学、爱社会主义，并倡导高中生形成团结互助、平等友爱、共同进步的人际关系；职业道德教育，主要是培养高中生具备热爱自己选择的岗位、忠于职守、秉公办事等敬业精神；家庭美德教育，主要是培养高中生尊老爱幼、孝敬父母等意识。

（五）法制教育

法制就是法律和制度，它包含两方面：一是法律和制度；二是执行和遵守法律制度的行为。

对于高中生的法制教育，其内容主要包括：法制意识的培养，主要是教育高中生要意识到法制的存在，法制对社会秩序的作用等；熟悉法律常识，主要是让高中生明白生活中常见的法律问题；使用法律武器，主要是培养学生在了解法律常识以后不触犯法律，还要运用法律来保护自己，并与违法行为做斗争。

二、学习策略的辅导：培养会学习的高中生

高中生的主要成长任务是学习、不断提高自己，高中班主任应该加强对高中生学习策略的辅导，使高中生成为一个会学习的人。高中班主任对学生学习策略的辅导主要包括三个方面的内容。

（一）端正学习目的与学习态度

学习目的是学生进行学习活动所期望达到的结果。学习目的的教育主要包括培养学生为祖国富强而学习的理想和抱负，并根据学生自身的实际情况确立不同层次的学习目标。升学指导也是学习指导，但主要是对高年级学生的指导。

端正学习目的的重要内容还有让高中生正确对待升学考试。教育学生正确对待升学，指导学生全面系统复习；升学考试时指导和帮助学生了解报考门类专业知识、考场知识、考试心理调适知识等；升学考试后针对录取学生和落榜学生的情况，做升学志愿填写、人生规划以及考试失意后的心理调节等。

端正学习态度。班主任要在教育学生明确学习目的的基础上，帮助学生树立严肃认真、一丝不苟的学习态度；教育学生树立勤奋好学、踏实求精的学习态度；教育学生树立刻苦钻研、勤于思考的学习态度。

（二）激发学习兴趣与学习动机

学习兴趣是学生对学习活动或学习对象的一种希求认识或趋近的倾向。培养学生的学习兴趣，应该做好以下工作：采用适合学生特点的学习方法吸引学生；指导学生参加课外活动，并使其有所收获；培养广泛的兴趣等。

学习动机是影响学生学习活动的重要因素，它不仅影响学习的发生，而且还影响到学习的进程和学习的结果。因此，培养和激发学生的学习动机成为人们日益关注的问题。激发学生的学习动机可以从几个方面进行：向学生提出具体而明确的学习目标；注意教师自身教学内容和方法的新颖性；创设学习问题的情境，启发学生思维；适当地开展学习竞赛活动；利用学生已有学习成果的反馈对学生的学习进行正确评价等等。

（三）掌握学习方法

学习方法是指学生在学习过程中所采用的手段和方式。其学习方法是否科学，将直接影响着学习效果。在对学生学习方法的指导上，教师应该注意以下几点：其一，指导学生自觉按照学习进程的基本环节进行学习，学生的学习过程由预习、听课、复习、作业和系统小结五个基本环节组成；其二，指导学生合理安排学习时间，科学用脑，并养成良好的学习习惯；其三，引导学生根据学科特点以及自身的学习状况，采取相应的学习方法。

学习方法也包括让高中生学会制订学习计划。制订学习计划可以减少学习上的盲目性，提高自身自觉性、主动性和积极性，养成良好的学习习惯。班主任指导学生制订学习计划，应做好以下工作：增强学生学习上的计划意识；对学生的计划决策进行指导；帮助学生不断总结检查学习计划的执行情况。

另外，还要加强对学生的自学能力的培养。学生的自学能力是在教师的指导下、在自学活动中形成的独立学习、独立探索和独立获取知识、更新知识的最基本的能力。班主任应从学生实际出发，因人而异，引导学生掌握学习活动的特点和规律；结合教学内容传授学习方法；指导学生私下交流学习经验，等等。

三、个人生活的辅导：培养会幸福生活的高中生

高中生个人生活的辅导的根本目的是培养会幸福生活的高中生。内容包括帮助学生正确认识人生的意义和价值，培养他们积极向上的生活态度；指导学生正确处理家庭关系，能够尊重和体谅父母，能分担父母的忧愁，与父母同享快乐；指导学生正确

对待男女同学的友谊和爱情；指导学生料理日常生活，培养自我保护能力等。

（一）积极的生活态度的辅导

班主任的重要任务是将正确的价值引导蕴含在鲜活的生活之中，注重课内课外相结合，鼓励学生在实践中积极探究和体验，通过道德践行促进思想品德的形成与发展，指导学生在这个过程中正确认识人生的意义和价值，培养积极向上的生活态度。

（二）科学处理家庭关系的辅导

学生在成长中离不开家庭的影响，父母是孩子的第一任老师，家庭教育对于一个人的成长具有不可替代的作用。现实生活中，不少家庭有各式各样的矛盾和冲突，比较突出的就是在亲情关系的处理上。不少家庭中亲情关系紧张，子女与父母、长辈之间的冲突时有发生，冲突的原因多数是学业、交友、对长辈不尊重和生活习惯等。指导学生处理好个体独立性与家庭亲和性的关系，恢复亲情关系，这对于建立现代家庭伦理是至关重要的，同时也是学生成长中必须学会的一项重要内容。尊重亲人、平等相待、履行义务、承担责任，是对学生进行家庭关系指导的几个主要方面。

（三）健康的物质生活的辅导

物质生活，主要体现在学生的住宿、饮食等生活环境、生活服务和生活质量等诸多方面。它既是学生身心健康的基本保证，也是育人环境。教师的爱不仅是学习上的诲人不倦，更有生活上的关心、爱护、体贴、照顾。因此，班主任要对学生的物质生活方面的内容给予关心帮助与指导，增强学生的自我保护意识和提高学生的生存能力。班主任要关心学生在校生活情况，如饮食、起居、卫生，特别是安全，引导学生建立严谨、健康的生活方式，这也是保证学生身心健康，今后独立生活的基础。

（四）充实的闲暇生活的辅导

帮助中学生合理安排和利用闲暇时间，包括指导课外阅读、文体活动、创造性活动、欣赏活动和正当有益的趣味性活动、家务劳动等。闲暇时间的增加，一方面为高中生个性的充分、自由发展提供了条件；另一方面，如果利用不当，反而会为其带来一些消极的影响。所以，如何引导广大中小学生有价值地利用闲暇时间，提高闲暇生活的质量，便成了一个迫切需要解决的问题。通过闲暇教育，应帮助广大高中生树立起科学的闲暇价值观念，并且在符合个性需要的前提下，向他们传授一些利用闲暇时间的技能与技巧，使他们逐渐掌握一些交际技能、文艺技能、体育技能、旅游技能和鉴赏技能等，满足他们精神上的发展和享受需要，从而使其个性得以充分自由地发展，从而成为一个有理想、有道德、有文化、有纪律的精力充沛、生活愉快的社会公民。

四、人生规划的辅导：培养能把握自己的高中生

一个人要实现自我，达到自己的理想状态，活出精彩美好的人生需要拟订自己的人生规划。而对于高中生的人生规划指导，应把重点放在规划生活（尤其是高中生活）、

规划学习上，还要适当设计日后的成长。高中生人生规划辅导的重点应放在教会学生如何规划人生上。

（一）高中生人生规划的重点

生活规划。生活规划包括婚姻、家庭生活、人际关系、时间管理和消费理财等内容。这些内容和高中班主任的其他教育任务有交叉的地方。但是，对于高中生而言，规划的重点则应放在学习生活的谋划上。

学习规划。主要包括各学习阶段规划。如把学习划分为中学、大学、职业进修、自我学习、短期学习、专业精修和其他学习等各个学习阶段，并制定出各阶段要达到的学习目标，具体开展的方法及实施细则等。

工作规划。工作规划就是职业生涯设计。所谓职业生涯设计，即依据自身的条件及所处的环境，确定一生的职业理想目标，并根据这一目标来进行相关努力的过程。它包括职业选择、善尽职责、精益求精、工作乐趣、舒解压力和追求创新等。特别是中学生的职业生涯设计关系到其未来发展方向，迫切希望得到科学有效的咨询与指导。

（二）高中生人生规划的方法

制定人生规划的方法有多种，例如，方向、目标的系统决策法，人生总流程的具体设计法，信息反馈调控法，等等。各种方法都具有自身的特点和优势，但万变不离其宗，大致可以分为四个方面的内容。

自我认知。人生规划的前提是要了解自己，因此，班主任要帮助学生做好自我认知。自我认知可以是自己认识，也可以通过别人的帮助来认识，自我认知有利于学生在今后的生活中扬长避短，在新的选择面前，做出更适合自己的决策。自知是个不断加深的过程，越早了解自己，人生的发展也就越顺利。

明确目标。即思索和确定日后为之奋斗的人生价值追求。遵循人生规律，按照完整及清晰的原则，划分人生各阶段的大体方向、核心内容及阶段目标。

目标分层。在这一步骤中，注意目标的时间限制要逐步细化，具体到年、月、日，尽可能详细。

调整目标。生活是动态的发展过程，人生目标的确定往往是基于特定的社会环境和条件的，并且这些环境和条件总在变化，确定了目标也应该随之做出修改和更新。

五、班级文化建设：培养有文化的高中生

（一）班级物质文化建设

班级物质文化包含教室内的环境布置及师生的仪表等，是班级文化的基础及其水平的外显标志。

1. 教室布置的规划：建设优雅的班级环境

（1）教室的墙壁。在教室的前墙、左右墙等合适的位置悬挂或张贴《中学生守则》、

本班级学生的特点和班训等常规内容，明确培养目标。还要在适当的位置张贴课程表等班级建设常规用表。

（2）教室窗台。有些教室的窗台向外有延展，这样的较宽窗台，在充分考虑安全的前提下，可用于摆放盆景、花草等。

（3）教室走廊。可以摆放盆景、花草，教室外墙墙壁可悬挂名人画像及语录等。

（4）桌椅安放。桌椅安放要考虑教室的整体布置。比如，为了让学生近距离观看左右墙壁上的专栏内容，左右两大组的桌椅均应向中间靠拢，空出 80cm 左右的空间，这也有利于学生上课时看黑板。另外，桌椅的安放一定要整齐，这是班主任应常抓不懈的工作，桌椅安放不整齐也将会影响到教室的整体美观。

（5）教室后墙。设计班级管理信息公布的地方，以壁报的形式出现，是教室布置时不可或缺的内容。设置班级管理园地不仅可以杜绝在教室里胡乱张贴的现象，保证教室整洁美观，还可以让班级管理科学化、规范化、有序化。只有科学、规范且有序的管理才能保证班级管理的质量，才能使一个班级健康发展，最终实现一个班级在整个学段的管理目标和育人目标。

2. 建设个性化的班级标识

班级标识是班级文化的可视象征之一，是体现班级文化个性化的标志，它主要包括班级名称、学校象征物等方面的内容。班级标志一般包括两大部分：一是班级名称、班训、班徽等班级精神标志物；二是如班服等物质形态的标志。这里主要介绍一下班级名称和班训的制作。

班级名称。在我国，班级的名称一般是根据学生受教育的程度（年级）和所在班级的序列构成，如高一（2）班，表示学生的教育程度是高中一年级水平，班级序列为 2。但也有很多非常规的班级名称很适合建设班级物质文化。（1）以志向命名。很多班级为了激励学生，选用一些含有特定意义的词汇来作为班级名称，如"宏志班""火箭班"等。（2）以班主任名字命名。为了体现班主任带班的个性，或者是为了利用班主任特有的人格资源来管理学生，一些学校也采用班主任的名字来命名班级。

班训。班训指的是为激励全班同学勤奋学习、积极进取进而形成积极向上的班风而以简短的词句拟就的班级口号。它的特点是主题鲜明突出，简洁明快，富有教导和劝诫意义。那班训该如何拟呢？拟班训一定要兼顾内容和形式。好的班训应该是内容和形式的完美结合体。一要用形象的语言表达明快的意旨，力求具体丰厚，切忌华而不实；二要有较为明确的宣传和鼓动作用，以指导全班同学努力实践；三要醒目，时看时新，耐人寻味，给人以美的享受；四是字数不宜过多，一般控制在 4 至 12 字之间，且多为双数。

（二）班级制度文化建设

班级制度文化，是指党和政府的有关方针、政策、法规、条例、指令等和社会主义道德观念、行为规范、是非标准等在班级日常工作、学习和生活中的具体体现，是班级全体成员共同认可并能够坚持自觉遵循的行为准则。

1. 班级制度文化的主要内容

班级的内在制度主要包括以下四种类型。

（1）各种习惯。不遵守习惯所受到的惩罚就是被排斥。学校班级的习惯性规则比较多，比如师生之间的称呼，在历史上曾称为"先生"和"弟子"，现在称为"老师"和"同学"，学校的每个人都会出于自利性的动机而自动服从，谁若违背这一习惯，就会将自己逐出交往。

（2）内化规则。即人们通过教育和经验习得的条件反射般地服从行为规则，主要就是道德。对违反学校班级内化规则行为的惩罚主要就是内疚。学校班级的内化规则比较复杂，比如，学生要诚实，如果学生撒谎了，就会受到内疚的惩罚等等。

（3）习俗和礼貌。对于习俗和礼貌，总是由组织中的他人非正式地监督执行。如果违背了组织的习俗和礼貌，会遭到谴责。比如，学生见到老师要问好，这是当学生应有的礼貌，但如果学生见到老师没有问好，其他的同学就会谴责他。

（4）正式化内在规则。即由群体以正规方式宣布并由第三方执行的规则。班级的正式规则包括各种校规、班规和民约。

如果说内在制度是引导成员的多数行为，是被横向地运用于平等的主体，那么外在制度则是用于束缚成员的少数不端行为，是自上而下的等级制。

2. 班级制度的制定

班级制度必须以社会的制度为前提，与社会规范要求相一致。因此，班级制度只是对制度体系的一些细化，或者可以称之为完善。

由班级自行制定的制度规范，又称"班规民约"。包括"班干部岗位责任制""自习制度""寝室制度""劳动制度""值日制度""春游制度"，等等。在班级制度制定的过程中，我们应用人文理念建立班级人文制度，具体体现在以下三个方面。

一是全员参与制度的制订。全员参与要求制订班级制度规范时，不能由班主任或者班委会闭门造车，而应该在交由学生广泛讨论的基础上形成，只有这样的班级制度学生才会认可并自觉维护和执行。

二是制度的目的在于引导。制度是一种具有强制力、约束力的条文，但对天真烂漫、发展进步的学生而言，未必要"板着面孔"，制度的内容完全可以也应该是人文化的。首先，班级制度的语言表述可以采用活泼生动、学生易于接受的形式；其次，班级制度所涵盖的内容不应太绝对，因为学生是一个世界观还未形成、自控能力较差的正在发展中的群体，生活中往往是处于"犯错不知错"或"犯错不自觉"的状态，所以，应该允许学生有犯错误的存在。制度制定的目的不是要杜绝学生犯错，而是在于引导学生认识错误和改正错误。从学生成长的历程来看，学生犯错误不仅正常，而且也未必就是坏事。

三是制度制订的可操作性。班级制度不宜太复杂，表述应通俗易懂，条款应具有可操作性。

3. 班级制度的落实

首先，要组织学生认真学习各种制度，要求他们严格遵守，并对照规范的规定约束自己的日常行为，长此以往，形成习惯。

其次，要经常性地开展诸如"今天我值日""我是校园小警察""我是校容校纪纠察员"和"我是班级纪律检查员"等活动。通过这些活动，不但可以促使学生自觉地规范自己的日常行为，养成良好的行为习惯，还可以培养学生约束和制止不文明行为，扶正压邪、扬善惩恶的社会正义感和责任感。

最后，要整合学校、社会和家庭的教育合力，充分发挥社会和家庭在制度教育中的积极作用，全社会共同努力，形成合力，才能使制度教育落到实处。

（三）班级精神文化建设

班级精神文化是班级在发展中，受一定社会文化背景、意识形态影响而长期形成的一种班级理念、哲学以及价值观，它是一种以意识为形态的班级核心文化。班级精神文化是渗透在班级师生心灵中的一种精神动力，也是班级健康发展的强大动力。

1.班级精神文化的主要内容

班级精神文化主要包含两个方面的内容：办学宗旨和班级价值观。办学宗旨就是办学的主要目的。价值观是关于对象对主体有用性的一种观念。班级价值观是班级师生关于班级意义的终极判断，是班级在经营中所推崇的基本信念和其奉行的主要目标。

2.班级精神文化的建设途径

班级精神是班级文化植根历史、体现现实、引领未来的集中表现。因此，培育班级精神必须立足于班级实际继承优良传统，体现时代发展要求。培育班级精神是一个动态生成的过程，是一个在实践中不断丰富、升华的过程。任何一个班级，都必须将自己置于一个动态的发展中，在发展中传承文化、追求理想、塑造精神。班级精神一旦生成，班主任就要引领全体学生努力实践班级精神，使班级精神融入每个学生的思想观念、道德情怀、行为规范中；使班级精神成为激励学生勤奋学习、塑造自我的精神力量，最终使班级精神成为班级教育的根本价值追求。

增强学生的生命意识。尊重生命是社会的首要价值准则。它具有目的性、普遍性和平等性等特点。增强学生的生命意识，将生命的唯一性与神圣性融入文化，铸成信仰。生命价值的内在意蕴在于：生命的偶然性让人不能不深深体味生命的唯一和可贵；生命的短暂性是人们尊重生命与珍爱生命的至上理由。对生命的理解及其态度，构成了生命的意识。让尊重生命成为一种文化信仰。尊重生命，必须从孩子开始教育。

确定健康的奋斗目标。班集体的形成和巩固是以共同奋斗目标为前提的，正确的奋斗目标是维系师生为之奋斗的共同纽带，是班集体前进的动力。确立班级奋斗目标的方法是多种多样的。一般说来有以下两种。一是师生共同商定。对一个发展状况良好的班级，一般宜采用这种方法，它可以集思广益，使目标的确立更切合实际，增强了可行性；同时，也可以满足学生的情感需要，增强激励性。共商的过程就是学生自我教育的过程，从中还可以培养学生自我调整、自我教育的能力。二是班主任定夺。班主任作为班级的代言人，提出要求，以作为班级为之奋斗的目标。班主任在做出定夺前，必须对其进行细致的调查研究，尽可能地了解并吸收学生的愿望和要求，并在目标提出以后还要做反复的讲解、动员，使目标逐步转化为学生的自觉努力方向。

营造积极的舆论氛围。学生在集体中，思想行为容易受到集体舆论的制约和同化，心理学上称之为"从众心理"。因此，班主任需要重视舆论文化的建设，真正做到"以正确的舆论引导人"。要培养正确的集体舆论，可从以下几个方面入手。（1）加强学习引导。组织学生学习思辨哲学、法规制度、道德修养等，提高学生的思想认识水平及明辨是非的能力，树立正确的价值观，养成良好的道德行为习惯。（2）开展各种有益的健康活动。如学雷锋活动、演讲比赛和创建活动等，以培养正确的舆论。（3）清除文化垃圾，净化校园空气。不传阅不健康的书报杂志，不学唱不健康的歌曲，清理课桌、书本文具盒上的不健康的图画及语言文字，消除消极文化的影响。（4）针对倾向性问题或热点文化现象，举办专题讲座、主题班会、辩论会，澄清模糊认识，引导正确舆论。（5）抓好宣传阵地。充分发挥广播室、黑板报、阅报栏、宣传橱窗、图书阅览室、名人名言警示牌的作用，大张旗鼓地表扬好人好事，同时批评错误的思想行为，抑制歪风邪气，树立正确舆论。

第二节　高中班主任的日常管理

一、高中生的个别化教育

（一）高中生的个别化教育概述

高中生的个别化教育是指高中班主任对班级中每个学生的具体情况或不同类型学生的特点所进行的有的放矢的教育。因此，高中生个别化教育的内容分为两个方面，一是针对高中生个体特点和实际需要进行的班级教育；二是针对不同类型学生的特点和实际需要进行的班级教育。

根据不同的划分指标，可以将班级中的高中生分为好多种。如果以性别为指标，分为男生和女生两个群体；以成长速度为指标，分为优秀生、中等生、后进生；以高中生的在校的班级角色为指标，可以分为班干部群体、普通学生群体等等。相应的，高中班主任就要推进适合各类学生的班级教育。

（二）高中生个别化教育的日常实施

由于高中生的群体分布很复杂，其分类指标很多，本节在阐释高中生个别化教育的实施时，选取以内容为指标来行文。

1.面对个体的个别化教育：高中生作为个体的个性化发展

引导学生确定个性化发展目标。学生个人提出自己的愿望和要求，比如学习成绩的提高、文艺特长的展示、组织能力的表现和个人兴趣的满足等等。班级有责任为实现这些个体要求创造适当条件。应当建立一种机制，让学生个人在集体面前充分地表达自己期望借助班级力量实现的梦想、愿望和目标，方式可以是在班级或小组会议上宣讲，也可以是在教室宣传栏上张贴"个人愿望广告"，这种表达机制对于内向的学生、缺点较多的学生尤其重要。为了切实帮助学生实现个人目标，就应该把它们变成集体议程，正式列入班集体计划（积极的但又是量力而为的），以保证个人目标和愿望受到大家的关注，并且真正能够实现。

学生个性化发展的主渠道打造。毕竟课堂教学是培养学生的主要途径，学生的个性化发展最终要体现在教学上。那么，在其中，高中班主任能有什么作为呢？

（1）协调实现教学组织形式的多样化。主要的努力重点就是从单一的班级授课制转变为多种教学组织形式并行。即使在班级授课制下，班主任可以协调出多种变式。如合作小组学习、班级内层次教学等。当然，在这一层面，班主任的作为空间相对狭小。

（2）协调实现个别化教学。个别化教学可以充分注意学生的个别差异，鼓励学生对自己的学习负责。另外，在个别化教学中，任课教师和学生互动，还可以调动学生学习的积极性。

（3）帮助班级任课教师确定自己的教学个性。班级的任课教师的教学活动也是一种个性化的活动，每个任课教师应根据自己的知识经验、能力水平、个性特征寻求适合自己的教学模式，树立自己的教学个性。只有这样，任课教师才能以教学个性影响学生的个性化发展。

学生个性化发展评价体系的建构。为了促进学生个性化的发展，应当不断评估学生个体发展的需要，据此组织多样化的活动，才给学生的个性发展创造表现和深化的空间。评价应是多视角的。所谓多视角有三层含义：一是目标的多角度，不要只关注学生的一种智能发展；二是评价要关注学生不同阶段成长的特点；三是所采用的评价方法是多种的，不能只局限于笔答，必须将其他的评价方式引入评价系统，比如操作性评价、成长历程评价、实地观察评价等，发挥各种手段的特点，全面发掘和认识每个学生的个性。

2. 面对群体的个别化教育：同一类型学生的个性化发展

（1）高中班干部的发现和培养

高中班干部是高中生的一批积极分子和优秀分子。他们团结在班主任的周围，组成班集体的领导核心，带动全班同学为实现共同目标而努力。高中班干部的发现和培养核心在于发现和培养这批高中生的自我约束、自我管理、自我教育、自我评估等方面的能力。

综合分析班级学生的情况，发现班干部。在选拔班干部时，要考虑以下几项标准。第一，班级干部要有高尚的人格，优秀的品德，换言之，班干部应该是学生心目中的好学生，在学生中有威望。第二，班干部的学习成绩必须中等偏上，否则在学生中没有号召力。第三，班干部要有特长，最好是多才多艺，全面发展。因为许多干部职位都有自己的本职素养与能力要求，如体育委员必须有体育特长等。第四，要有一定的组织管理能力。学生干部组织管理能力的强弱直接关系到班级活动的质量和效果，关系到良好班风的形成。第五，要对做班干部有热情。只有热心的班干部才能积极主动地为班级和同学服务。

在班级组建之前，班主任首先要研究学生的档案，寻找有过担任班干部经历的学生，让他们先组成临时班委会。临时班委会组建后，班主任要认真观察班级的每一个学生，再次选择新的班干部人选。当班干部的人选确定后，公开组织班干部竞聘班会，让这些学生发表"施政演讲"，谈自己将竞选哪种班干部职务。评委的组成尽量涉及家长、任课教师等群体，体现各方力量的要求，然后在竞聘结束后确定班级的班干部人选。根据班干部岗位的职责要求，培养班干部。对于高中班干部的培养，内容要涉及两方面：班干部的基本能力和特殊岗位的特殊要求。

高中班干部的基本能力包括独立的工作能力、民主的工作作风、严格自律意识等。班主任可以在充分备课后，把这些学生单独召集在一起，以讲解、辩论、阅读文字资料等形式将这些能力要求传达给班干部，并让班干部在日常的班级建设事务中锻炼自己的这些能力。

特殊岗位的特殊要求的培养。由于班级中有十几个班干部岗位，每一个岗位的职责要求是不一样的，这就要求班干部在具备了基本的能力素养后，再具备特殊的能力素养。比如班长，他要有负责班委会全面工作的综合协调能力，要有召开班委会和班会的能力，有制订班级工作计划的能力，有了解本班同学的思想、学习等情况的能力，有维护班级同学的正当权益的能力，有协助、督促班委会委员的工作能力，有概括性地汇报班级工作的能力等等。

（2）优秀生的极限发展辅导

优秀生的概念及教育、培养意义。优秀生一般是指那些在德、智、体诸方面都发展较好、品学兼优的好学生。在一个班集体中，优秀生可以使全班学生学榜样，带动和鼓励班级成员积极向上，共同前进，是班主任德育工作中借以运用的教育力量。但优秀生并不是完美无缺的，为使他们更加具有榜样作用，应把他们作为班主任德育工作的主要教育对象。为此，教育、培养优秀生，也是班主任德育工作的一项重要内容。

培养优秀生的策略。①正确认识优秀生。虽然对优秀生的定义很少有人会产生歧义，但实际上"一好代三好"的现象较为普遍，认为优秀生什么都好，而对他们的缺点和不足不去关注，以至于影响了对他们其他方面的真实看法。这就是心理学上所说的晕轮效应。由于有的班主任总是以欣赏的眼光看待优秀生学业上的优点、长处，看不到他们某些优点掩盖下的不良倾向，以致耽误了教育时机，致使优秀生的素质残缺不全，甚至出现了人生发展旅途上某一阶段的中断。因此，必须以全面发展为标准，正确认识优秀生。②高标准，严要求。任何人身上都存在优点和缺点，优秀生也不例外，优秀生容易出现的问题主要有：第一，经常会受到老师和家长的表扬、同学的羡慕，无论在家庭还是在学校，都处于比较优越的地位，如果教育不当，容易产生自尊心和自信心的极度膨胀，形成自我中心、自傲自大、高人一等、目空一切的消极心理，并滋生虚荣心；第二，自我中心，处世冷漠，优秀生是班上的先进典型，对同学往往发号施令较多，如果认识不正确，时间一长便会产生自我中心、人人为我的思想，对人、对事冷漠，甚至发展为极端的利己主义；第三，盲目自信，优秀生地位优越，自尊心和自信心强，在成长道路上一直很顺利，很少受到挫折，听惯了表扬，受不了批评，发现不到自己的缺点。因此，班主任对他们潜在的和已经暴露的缺点和错误不能姑息迁就，掉以轻心，必须高标准，严要求，防微杜渐，促使他们"百尺竿头，更进一步"。③采用极限催化，促其幡然醒悟。所谓极限催化，是根据极限导致逆反的原理，创造一定的条件和机会，催化学生的缺点，按教育者既定的范围、方向和分寸发展下去，乃至发展到极限，这时学生会产生一种厌恶和逆反心理，并回过头来反省自己的行为，从而意识到自己的缺点错误及其危害所在而幡然醒悟，羞愧难当。优秀生心高气傲，不容易接受外界的批评意见，他们自我意识和理解能力强，班主任可采用极限催化的方法，促使他们自觉地改正错误。④预防"过誉心理"，正确认识自我。由于优秀生更多的是在赞誉、掌声中成长的，所以，他们往往有"过誉心理"，即指过分看重荣誉和成绩的一种非健康心理。此心理如果不及时给予矫正，会成为优秀生健康成长的极大障碍。对优秀生的"过誉心理"，班主任应适时泼点冷水，让他们保持清醒、理智的头脑，引导他们控制和调节好自己的心态，给自己准确定位。

（3）提高中等生的策略

中等生教育提高的意义。中等生是相对于潜能生和优秀生而言的。一般是指既不像优秀生那样思维敏捷，在德、智、体诸方面十分突出，又不像潜能生那样"惹是生非"，学习困难。他们表现一般，不引人注目，但思想顾虑多，心理负担重，也成为班主任工作的重要对象。在一个班集体中，优秀生、中等生、潜能生的比例是按正态分布的，即"两头小、中间大"，中等生人数居多。因此，班主任一定要用充足的时间和精力做好中等生的教育提高准备工作。

培养中等生的策略。①把握不同的特点，因材施教。中等生也有各自不同的特点，如有的进取心很强，但又常常被挫折感所困扰；有的学习成绩中等，但相对稳定；有的自觉性和自我约束力较强，容易管理，但组织性不强；有的意志薄弱，自控能力差，怕苦畏难；有的散漫疲沓，安于现状，缺乏上进心和好胜心；有的学习态度时好时差，学习成绩时有波动等等。所以，在班主任进行教育时，不能一刀切，要根据中等生的不同特点，做到因材施教。②多提供机会，使其体验成功。心理学家的研究表明，成功的经验可以使人增强信心，克服自卑感，提高抱负水平和成就动机。班主任必须给他们提供展示自己的机会，使他们在展示中享受到成功的高峰体验，发现自己、肯定自己，以激发其奋发进取的内在动力。③挖潜力，促发展。中等生虽不像优秀生那样光彩耀眼、出类拔萃，但这并不说明他们没有潜力可挖掘。事实上，不是学生没有潜能，而是班主任自己缺乏挖掘潜能的能力。

（4）转化潜能生的策略

潜能生的概念及教育转化意义。潜能生通常是指那些在正常生理状况下，在品德、学业等方面与教育目标的要求相差较远，落后于一般同学的学生。

教育转化潜能生的策略。①纠正心理偏向，确立正确的教育观念。班主任在教育转化潜能生时普遍存在着一些心理偏向：首因效应的心理偏向，即在了解学生情况时，先入为主，形成难以改变的劣差印象；晕轮效应的心理偏向，即在了解潜能生情况时，以差概好，把其没有的弱点也加在他们身上；包袱沉重的厌弃心理偏向，即把潜能生看成是班级前进的绊脚石，看成是班主任工作取得成绩的大包袱；眼光不变的定势心理偏向，即用一种长期固定不变的眼光，去看待潜能生；不准反复的永久心理偏向，即不允许潜能生在前进过程中出现反复，否则就灰心丧气，指责埋怨。凡此种种心态，给教育转化潜能生的工作增加了主观上的困难，又阻碍了潜能生的思想转变。因此，班主任要做好教育转化工作，必须纠正主观上存在的心理偏向，确立正确的教育转化观念，即坚信教育的力量，相信每一个学生都具有无限发展的可能性。正确的教育观，可以促使班主任以高度的社会责任感和满腔的工作热情去关心、爱护、教育转化每一个潜能生。②关心爱护，激起自尊。得到教师的关爱是学生学习的主要动机之一。他们希望从教师那里得到热情的关注而不是冷漠的监视。潜能生也是如此，他们时时翘首以待，有的甚至不惜做出各种违反课堂常规的举动来引起教师的关注。所以，班主任要了解他们的心理需求，不能嫌弃、歧视、疏远他们。班主任要以真诚的爱去全面关心和帮助每一个潜能生。③掌握心理特点，对症下药。潜能生有其独特的心理特点，主要表现为逆反心理、挫折心理、彷徨心理、矛盾心理、防御心理等。所以，班主任要做好潜能生的教育转化工作，必须掌握心理特点，有针对性地采取教育措施。④弥补基础学力，培养兴趣。潜能生一般都存在着功课跟不上等情况，班主任要把他们从失败者的心态中挽救出来。首先，提高其对知识重要性的认识；其次，补习功课，教给方法，在他们有了一定思想认识的基础上，班主任应帮助他们补习功课，教会他们学习方法，扫除学习上最基本的障碍，努力让他们能听懂课，会做简单的习题，让他们看到自己点滴的进步，体验到成功的乐趣，这样就会逐步提高其学习成绩，增强学习兴趣；再次，结对子，发挥共生效应，即组织成绩较好的同学主动接近他们，结成互助对子，也让他们感受到身边同学刻苦学习的精神；最后，对潜能生学习上的进步，不能急于求成、期望过高。⑤反复抓，抓反复，常帮不懈。由于外部各种不良诱因的影响，再加上潜能生自身意志薄弱，自制力差，辨别是非能力不强，潜能生的教育转化绝不是一两次教育就能奏效的。一种正确的观点，往往要经过多次反复才能化为学生自己的认识；一种错误的行为也要经过多次的批评教育才能得以纠正。即使这样，潜能生的行为也不会稳定，往往今天解决了问题，明天就会受到外界的某些影响，又会产生新的越轨行为。因此，班主任要有充分的心理准备，切忌操之过急或灰心丧气。另外，班主任尤其要注重研究潜能生出现反复的原因、先兆和规律，要及时抓住苗头，防微杜渐，把反复的可能性消灭在萌芽状态。一般说来，潜能生在前进过程中出现的反复，并非过去错误的简单重复，而是从每次反复中都可以看到进步和发展的因素。因此，班主任既要给予中肯的批评教育，又要注意保护已经调动起来的积极性，因势利导，促进转化。

二、班级信息的采集与整合

班级信息是在班级建设过程中出现的，能够反映学生成长、教师授课、班主任工作开展、班内环境变化等各种消息。这些消息是学生和教师在班级建设中通过交往而形成的，采集并整合这些信息，对于高中班主任开展工作具有很大的现实意义。

（一）班级信息采集的内容

学生个人信息。学生生活情况信息：学生的健康状况、性格倾向、行为特征、趣味爱好、交友情况、家庭状况等。学生学习情况信息：学生学习基础、学习能力、学习实践的记录，课外活动情况记录等。学生行为情况信息：生活行为记录、问题行为记录、良好行为记录等。学生人际关系信息：班级中学生个人之间的交往、学生头领、班级中的非正式群体、校外交往等。

教室环境信息。包括教室环境管理计划、墙壁空间的利用、展示布告的布置、出墙报情况、教室卫生情况、采光保暖情况、座位的排定方式等的记录。

班级活动信息。主要有班级管理计划及与计划有关的具体管理行为记录、班级决议、班级例行活动（班会、晨会）计划、班级互助活动计划、课外活动计划、家长会记录、班级通讯记录等。

其他相关信息。主要包括学校和家庭的信息、学校对班级建设的教育管理目标、学校对班级的管理计划、家庭对班级的期望等。

（二）班级信息的采集与整合

1. 班级信息采集与整合的流程

信息收集。收集信息是管理信息的基础，收集信息要注意信息的真实性和完整性，尽可能将该收集的信息汇总起来。

信息加工。信息加工就是采用科学的方法，对收集到的原始信息进行分类、筛选，使之条理化、系统化，更好地为班级的建设服务。

信息传递。信息传递就是把收集到和经过加工的信息传递到班主任、家长、学生等使用者手中。只有通过信息的传递，才能使信息起到应有的作用。

信息贮存。信息贮存是指将经过加工的暂时不用的信息加以保存备用。使用过的信息也可以保存，供以后参考。

2. 班级信息采集与整合的要求

及时性。信息的时效性很强，特别是现代社会的生产和生活变化都比较快，而班级的教育和管理又是一个连续运转的过程，时间的延误会使信息失去应有的价值。因此，必须以最快的速度将信息传递给需要信息的人，使其发挥最大的效用。

真实性。信息必须如实地反映班级的客观情况，做到真实、准确、可靠，否则，会导致班级管理的失误，给教育工作带来损失。

三、班级财物管理

班级财物主要有三部分：一是所有权为学校所有，归班级使用的财物，如教室内的公用设施、宿舍的设备等；二是班级集体所有的财物，如班级中用班费购买的物品等；三是班级成员个人所有的财物。

（一）对学校公共财物的管理

对于学校公共财物应建立班级的公物保管制度，把财物管理包干到人，做到责任到人，管理到位。要做好公共财物的登记、保管、使用、借调以及毁损、报废、拆除及时处理等事宜。福利互助性的资金（含学生奖助学金）更要加强管理，对于学生奖学金的申请、发放等事宜应进行统筹安排。

（二）对班级公共财务的管理

班主任不管钱，师生共同理财，并将财务公开。如果需要使用班费，班主任应该和学生讨论之后才可以使用。班费使用的所有账目要公开，让学生了解班费的使用情况。

（三）对学生个人财物的管理

班主任要注意增强安全防范意识，教育学生妥善保管个人财物。对于没收、代管的学生财物，要特别注意依法保管和处理。

四、班级档案的保存与管理

高中班级档案由班主任、班委会、团支部、学生家庭共同组织实施。高中班级档案按照档案保存内容可分为集体类的档案和学生个体的档案。

（一）班级集体档案的收集与管理

班级集体档案的内容主要包括学生的基本信息汇总、学校公布的各项常规管理分数、历次学习成绩表、参与学校重大活动资料、班级活动资料、家长与任课教师反馈的信息资料。这些资料的收集是在日常班级建设中逐步进行的，需要班主任留心收集，而且在这些档案收集完毕后，要及时进行分类整理、分析，便于日后查阅和使用。档案内容收集整理完善，有利于班集体实力的形成，并逐步形成个性化的班级文化。

（二）学生个体档案的收集与管理

通过建立和不断完善学生个人小档案，能有效分析学生个体的成长差异和不同需求，及时提供有针对性的帮助。

班主任收集的学生档案内容。包括：个人基本情况，即学生的身体、学习等基本情况；家庭基本情况，包括家庭结构、家庭类型、家庭经济、家长受教育程度和职业、家族有无遗传病史、养育方式、对孩子的期望等；学校提供的信息，即学生在高中时的思想、学习、行为等情况的反映信息；班主任对学生的辅导记录，每次辅导都要做好记录，尽量保证资料的完整、细节的具体，以备检测自己的帮辅工作是否有效果。

家长提供的学生档案内容。包括：学生在家的表现，为了便于家长操作，班主任可以设计成表格或问卷供家长填写，也可以由家长自行设计；家长在家对学生的教育引导记录；家长对该生的要求；家长对班主任或任课老师提出的要求。

学生自己搜集的档案。包括：学生自己记录的有关自身的成长情况、成长感悟，对老师和家长的希望与要求。

五、安全隐患的提前发现与及时处理

由于校园的开放程度越来越大，校园安全频频出现问题，非常有必要采取一切可行的方法，使校园安全的损失降到最低。因此，对高中生的安全管理就要提前预测，并在管理的推进中实现动态的生成。

（一）安全隐患的排查

班主任首先要将所有可能会对高中生带来伤害的因素一一列举出来，这些因素都可能是安全事件的触发点。按照隐患存在的地点和时空，可以将安全隐患简单地分为校内和校外（社会）两种。

校园客观存在的安全隐患。学校商店、食堂、小卖部的食品质量有问题；宿舍失火、触电、溺水等隐患；来自学生之间的暴力与打斗行为、欺诈与敲诈行为；课间、室外活动、上下楼时剧烈活动带来的意外伤害；违纪攀爬校园院墙、建筑物而造成的伤害；部分学生和校外不良人员接触带来对在校学生的伤害；学生在厕所、校园死角聚众吸烟，危害健康；校园内部的丢窃；物理等学科做实验时的意外事故；体育课、运动会等体育运动中的意外伤害等等。

学校教育主观不当产生的隐患。教师法制意识淡薄，方法简单粗暴造成违法，对学生伤害；学习、人际关系等出现过重心理压力，但班主任没发现造成的意外；班主任或教师处理问题有失公正或批评方法不当给学生造成伤害；学校制度制定不当、预防管理不当（如场地设施提醒不当）出现的安全责任事故；教师对学生期望值过高带来的心理压力过重，造成不良后果。

来自学生的安全隐患。逆反心理、特殊个性造成的不良后果；学生旷课、逃学、离家出走存在的不安全因素，等等。

来自社会的安全隐患。社会青年等外来势力在学校周边对学生进行敲诈等行为；学校周边发生的暴力、打斗、伤害行为；校外不良人员对学生的言行、心理威胁，对学生的引诱、拉拢与教唆；校外交通安全事故；社会（尤其是家庭和网吧）黄、赌、毒等邪恶力量影响学生的安全；父母离异、单亲教育不到位、父母常年外出对学生教育过少等因素引发的不安全等等。

班主任可通过校园巡视、现场观察、学生意见、家长联系等途径发现存在的安全隐患，要防患于未然。

（二）安全隐患的排除

高中班主任对学生中存在的隐患的排除，一般应该遵循下列流程。第一步，班主任一旦发现安全隐患，必须提高警觉，必须在最短的时间内，对安全隐患进行确认，并对严重性、危害性做出果断的判断，同时启动预案，包括有效制止事态、迅速抢救伤员、向有关职能部门汇报等；第二步，快速通知医疗、警方、主管机关及有关学生家长；第三步，进一步了解情况后，清晰地掌握事件的来龙去脉，并采取一系列的处理或补救措施；第四步，抚慰受害学生、家长及相关人员，并快速建立班级内的支持力量。

（三）安全隐患排除效果的巩固

安全隐患排除、事故处理完毕，班主任要向学校有关部门提供详细的汇报报告；在班级中把事情清晰地通报给全体同学；要进一步落实对事故的相关处理；修护相关的设施，加强预防工作，减少类似事件的发生；总结经验教训，检讨得失，讨论工作改进方案等。

六、突发事件的科学应对与善后

突发事件是指班级中突然发生而又无法提前预测的重大事件。突发事件具有不可抗拒性，具有很大的危害性，影响了学校的社会声誉，对家庭、对学生个体也有重大伤害性，给高中班主任的工作提出了很大的挑战。

（一）突发事件的体现形式

对于高中生而言，突发事件的主要体现形式是学生和老师剧烈冲突、学生打架斗殴、学生一时负气离家出走、家长来学校闹事等事件。

（二）突发事件的成因分析

高中生的学习压力过大。部分高中生在成长中失去了快乐，造成心理错位，当过重的压力通过其他问题的出现释放出来后，便容易导致过激行为的发生。

家庭教育的不当。高中生思想不稳定，变化大。在家中，家长普遍溺爱子女，怕孩子吃苦受累，又对孩子寄予厚望，往往提出不切实际的要求。当自己的一厢情愿不能实现时，一些家长往往采取打骂等过激的方式让孩子继续努力，导致了学生的逆反心理，从而引发过激的行为。

学校教育的不当。高中评估老师的一项最重要的指标还是学生的学习成绩，教师普遍只抓智育，轻视德育。对学生缺乏了解和关爱，管理方法简单、粗暴，容易造成师生关系不和谐。

独生子女的人际交往能力差。独生子女在家庭成长的过程中，凡事大人总是让着他，形成了以自我为中心的价值体系，在人际交往中缺乏平等竞争的意识和宽容平等的心态；而独生子女的社会适应能力较差，缺乏独立与别人交往、独立决策和判断的意识；人际关系敏感，表现为自卑、孤独、压抑、焦虑和抑郁，有的学生甚至敌对和偏执情绪较为突出。

此外，网络游戏的影响也是引发校园突发性事件的因素，它常导致学生抢劫上网用的钱财、离家出走、打架斗殴等过激行为。

（三）突发事件的预防和善后

突发事件因具有显而易见的特殊性，所以班主任在处理突发事件时，一定要沉着、冷静、审慎行事，不断观察、分析事态的发展变化，并有所预测。要有随机应变的心理准备，对症下药，做到防患于未然。

加强对学生心理健康教育。班主任首先要了解学生的心理障碍偏异的情况，有针对性地开展心理健康教育，还可以与学生共同对心理问题进行分析、交流、探讨，联系实际对他们进行心理健康与修养的教育，促进学生健全、成熟人格的发展。

加强科学的人生观教育。市场经济的浪潮，使中学生的人生观呈多元化发展的态势。面对新问题，班主任要结合丰富多彩的文娱、体育和社会实践活动，或召开主题班会或组织学生专题讨论，来营造文明和谐的育人氛围。

减轻高中生过重的负担。学校要全面实施素质教育，要注重学生的心理健康和个性发展。教师在教育教学过程中，要教书育人，激发学生良好的学习动机，尊重学生的主体地位，避免伤害学生的自尊心；要引导学生主动学习，以培养其探究精神，使之不断提高学业成绩。班主任要指导家长科学教育子女，要求家长要注重子女人格的健全发展，对子女的学业给予适当要求，避免施加过大的学业压力；还要掌握科学的教育方法，营造和谐的家庭教育氛围；更要提升自身素质，倡导文明健康的生活方式，以乐观豁达的态度面对现实生活。

加强学校和家长的联系。通过多种方式与家长保持经常性的联系与沟通，尤其要注重个别沟通，可利用家访、电话、便条等形式。学生在学校和家庭的表现往往会不一样，班主任和学生家长只有多加强联系，及时了解学生的真实情况，对各种问题才能早发现、早预防、早解决。

做好善后处理工作。突发事件对班级、家庭的影响非常大，其负面影响很难在短时间内消失，这就要求班主任及时做好善后处理工作，使班级生活、学生生活尽快恢复正常。

第三节　高中班级活动的组织与实施

一、高中常规班级活动的分类

学习活动。学习活动是指学生在校期间一起上课、作业、自习等学习知识的活动。学习活动是班集体中的主要活动，不仅占据了绝大多数时间，也在班集体建设中占据主导地位。

生活活动。这里的生活指狭义的生活，即学生的吃、穿、住、行等。学生在学校除了学习外，当然也要生活。课余时间学生需要相互交往、游戏、共同生活，住校的学生要一起吃饭，同室睡觉，起居都在一起，走校的同学也存在课间的交往、上学路途的互相照应等。通过这些活动能加深同学间的相互了解和相互依赖，增强同学班级生活中的集体意识，为优良班集体的建设提供更多践行的机会。

班会活动。班会是全班师生自主活动的一种教育形式，也是学生进行自我思想品德教育、增进同学间的了解和友谊，张扬个性品质，激发创新思维的一个重要阵地。班会活动也是进行优良班集体建设的重要手段之一。

团队活动。学校的共青团组织所进行的活动相对规模较大，而且一般都要走出班集体空间。这种活动中会非常自然地形成以班级为单位的活动，在这种以班为单位的活动中，无论是班级全体成员参与，还是少数或个别代表参与，全班同学都会自觉地团结起来，聚集在一起以形成合力。

综合实践活动。综合实践活动是指学生有组织地走出课堂走出校园，以社会为认识对象所进行的一些教育活动。其目的在于通过社会实践丰富学生对社会的感性认识，培养学生的社会情感。在综合实践活动中，无论是以班为单位整体行动，还是以小组或个人为单位分头行动，集体中的每个成员在社会实践活动中的一言一行、一举一动都代表着班级的形象，关系着班级的声誉。因而社会实践活动是对学生的一种锻炼和考验，同时在活动中同学的相互照应和真诚帮助，以及活动中成绩的取得都会对班集体的形成产生巨大的推进作用。

二、高中常规班级活动的组织

1. 确定活动主题

主题是组织整个活动的灵魂，好似一条红线贯穿于活动的始终，影响着活动内容的确定和活动形式的选择。因此，要为班级活动选择恰当的主题。

细心观察，深入了解，掌握动态。班主任要通过多种渠道，对学生进行详细的了解，以获取学生在学习、生活、思想、交友等方面的信息。了解这些信息的目的就是通过综合分析，把握他们的思想动态。这样班会活动的教育作用就更具有针对性了。

广泛拟题，充分酝酿，精心选择。班级活动可先由班主任划定一个大致范围，然后由学生酝酿。也可以动员每位同学出一个题，或由班干部在广泛听取同学意见的基础上拟定。对每一个活动主题，还应有一个酝酿的阶段，由全班学生对这些主题进行筛选，确定要解决的问题。这样可以调动学生参与的积极性，为活动的正式进行奠定心理基础，酝酿的过程实质上也是教育的过程。

博采众长，集思广益，确定主题。在学生酝酿的基础上，班主任应召集班干部最后确定主题。确定主题的既要符合当时的形势和学校教育工作计划的要求，又要结合学生的思想实际、年龄特征和班集体中存在的普遍性问题，使活动能切实解决学生中普遍存在的、有代表性的问题。

2. 活动计划的撰写

标题。即计划的名称，包括制订计划的机关或单位名称、计划种类的名称、使用期限。另外，计划的名称还可以命一个正标题和一个副标题，正标题用以概括计划正文部分的内容，副标题标明计划的机关或单位名称，计划适用期限和计划种类。

正文。即计划的主体，一般包括简单的前言、总的目的任务、制订计划的依据；指标要求、具体项目；实施的步骤、方法与措施；完成的时间等。为了内容清楚，计划的正文一般都分条分项地写。重要的计划还要在正文后面说明执行计划的开始日期。目标、措施、步骤是构成计划的"三要素"，是计划的核心。这部分一定要写清楚"为什么做"（目标）、"做什么"（措施）、"怎样做"（步骤）。

结尾。包括署名与日期，要标明制订计划的个人姓名或单位名称，写清制定计划的年、月、日，和常用公文一样，写在正文的右下方，署名在前，日期在后。

在实际应用中，可根据具体内容对计划的基本格式做些变动，如省去前言或结尾的文字等，但是目标、措施、步骤这三者不可省略。

3. 活动材料的准备

班级活动，有时会用到一些工具和材料，如模拟式主题班会所需的道具；文娱式主题班会所需的录音机、乐器、VCD、化妆油彩、服装、布景、道具等；展览式主题班会所用的小制作、小发明、小设计作品等，都应该提前准备好。一般来讲，班级活动所需要的器材可有以下几种形式准备：

向学校借。学校一般都准备有学生活动常用的器材，如录音机、音响、投影仪、桌椅板凳等等。

学生回家筹集。很多活动所需要的器材可以由学生从家中准备，比如野炊用的餐具、照相机等等，如果从学生家中借用器具，一般要征得家长的同意和支持，最好由学生本人使用，如有损坏，应及时理赔。

租用。学校周围或者社会某些特定地区都有活动所需的道具，比如演出的戏服、表演的道具等等。在租借道具的时候应注意要有班主任参与，如果发生纠纷应由班主任出面解决。

购买。部分一次性消费品则需要购买使用，原则上以节约为主。

4. 活动场地的选择

班级活动的举办地可以在教室里，可以在校园，可以在社区，也可在野外。活动场地的选择依据的是活动的教育主题和活动形式，如果选在校外，要注意以下六个方面的问题：

（1）提前联系好场地。因为社会场所有很多活动，如果不提前联系，可能到时候他们不能及时把场地提供给班级使用。

（2）量力而行，勤俭节约。很多社会场地如礼堂、剧院、公园、会展中心、科技馆等都需要场地租用费或者门票，而学生活动的经费是很有限的，所以在选择场地的时候要量力而行。

（3）注意安全。学生到校外集体活动存在很多安全隐患，比如交通、河流、沟壑、楼梯以及其他偶发事件，作为班主任都应该提前预想到，并逐一检查落实。

（4）不要给家长提出不合理要求。很多班主任喜欢要求学生家长提供其单位或者个人的场所供学生活动，学生家长可能觉得勉为其难，这是很不好的。这样可能会影响他们在单位的形象或者损害了家长个人的利益，无论于自身还是于学生教育都是不利的。

（5）使用完场所要善后。在使用社会场所的过程中要注意公德，使用结束一定要善后。主要包括三个方面：一要收拾整理并打扫卫生，使场所恢复原来的面貌；二是给场所主人交代清楚，归还场所；三是结清租金，不要拖欠。如果选在校内，最好以不影响其他班级正常学习为好。活动场所的布置应该依据活动而定，尽量符合学生的审美标准。

（6）活动的外部联系。根据活动的性质，可能需要一些外部的支持：学校领导需要联系，因为学校领导需要同意并适当给予经费支持，这有助于学校对全局工作的通盘考虑以及学生在校安全的责任；教务处需要联系，因为活动可能涉及正常教学的调整或者教学任务的另一种推进；总务处需要联系，因为活动可能需要学校的场地、设备甚至车辆的使用等；德育处需要联系，因为这种大型班级活动均为德育教育的内容，需要德育处予以关注、指导和协调；任课教师需要联系，因为活动可能需要他们的配合甚至参与；家长需要联系，孩子的活动一定要告知家长并取得家长的全力支持甚至是参与；当然，需联系的还有很多，如社区、场馆方面的人员等，根据活动实际需要班主任灵活处理。一般而言，这种联系最好由班主任来进行，学生只起辅助作用。

5. 班级活动的后续

反思是很好的后续方式，班级活动开展完以后绝不意味着结束，对活动的评估和拓展是我们必须做好的工作，通过反思则可以使活动的教育效果得以加强。

班级活动计划的评估。班级活动结束以后，应该对此次活动的计划进行评估。评估的内容主要包括活动的主题选得是否合理，主题内容提炼的深浅是否得当，活动的时间安排如何，人员挑选和落实得如何，活动过程中是否对计划进行了调整，如果进行了调整原因是什么，活动中还有什么情况是计划中没能预设到的，活动的过程设计得是否恰当等等。

班级活动过程的评估。对班级活动的过程评估主要是过程的进展是否按计划顺利进行，如果没有，原因是什么；计划中的每项活动与实际开展是否有差异，如果有，原因是什么；活动中存在哪些困难，以后计划该如何针对这些困难进行调整；有哪些活动在实施中根本就不可能开展，哪些是需要改进的等等。

班级活动效果的评估。班级活动都需要达到一定的预期目的，在活动结束以后，必须对活动的效果予以评估。一般来讲，完全达到目的是不现实的，因此，班主任不要过于苛求。同时，在活动中还会产生意想不到的效果，有正面的，也有负面的，这些都需要班主任认真地总结和评估，以便在以后的班级活动中注意。

班级活动的拓展。关于活动的拓展，一般有两种形式。一是衍生性活动。所谓活动的衍生是指在上一次活动中会出现一些新的问题有待解决；或者有些问题没能在上次活动中得到解决，需要开展相应的新的活动来解决这些问题；也可能是在活动开展期间萌发了新的灵感，创设一些新的活动等等。二是系列化活动。学生的成长是有规律的，这些规律中最基本的就是年龄发展规律。随着年龄的逐渐增长，问题也产生，这些问题一般都带有规律性，也就是说，所有的孩子到了这个年龄段，都会出现同样的问题，比如"异性交往"的问题。学生的成长问题一般都是可以预见的，所以班主任可以根据学生的成长阶段开展一系列活动，以帮助学生成长。

第三章　高中班主任工作

作为当代班主任，时代赋予了他们更重要的职责和使命。深刻认识班主任工作的意义和特点、了解班主任工作的任务和职责、掌握班主任工作的原则和方式是做好班主任工作的重要前提。

第一节　班主任工作的意义和特点

一、班主任工作的意义

班级既是学校教导工作的基本单位，也是学生学习、活动的基层集体，只有把一个班的学生很好地组织起来进行教育和教学活动，才能使这个班的学生在德、智、体、美、劳等方面得到发展；只有把教育目的和教学计划很好地落实到每一个班，才能提高全校的教育质量。为了使班级的工作有专人负责，梳理管理层次和提高工作效率，学校有必要给每个班委派一名班主任，由他负责抓班级的教导工作。

班主任是全班学生的组织者、领导者和教育者，是学生健康成长、全面发展的引路人，是学校领导进行教导工作的得力助手和骨干力量，是协调校内各种教育力量的纽带，是沟通学校、家庭、社会的桥梁，他对一个班的学生工作全面负责，对一个班集体的发展起主导作用。

（一）班主任是班集体的组织者、领导者和教育者

一个班级有几十名学生，当学校把几十名来自不同家庭、年龄基本相当、身心发展水平比较相近，但思想、品德、智力、兴趣和性格存在着不同特点的学生组成一个班级的时候，还不能说这样的班级就是一个集体。一个好的班集体需要班主任做大量的工作，有目的、有计划地把学生组织起来，并使他们在这个集体中愉快地学习和生活。由于班主任担负着一个班级学生的全面教育和管理工作，经常融入学生中间，能比较全面地了解学生的思想情况和身心状况，能够结合班级的情况和学生的实际进行有针对性的教育和引导，可有效地促进学生的全面发展。正是由于班主任的精心组织、教育和管理，才能完成学校布置的各项教育教学和管理任务。因此，班主任是班集体的组织者、领导者和教育者。

（二）班主任是学生健康成长、全面发展的引路人

班主任不仅要教会学生去适应社会生活，同时还要帮助他们开发潜能，指导他们去创造新的生活。我们面对的学生，由于缺少对生活的认知和经验，独立生活能力比较弱，行为判断、选择能力存在着模糊性和矛盾冲突性，人生发展进程中存在着许多客观与主观不确定因素等，这就迫切需要有班主任这样的教育角色来全面关心学生的成长，对学生的思想、学习以及身心健康进行具体的指导。班主任要以自己的人格魅力影响学生，用自己渊博的知识、多方面的能力、高尚的师德教育学生、感染学生、熏陶学生。平时，学生接触最多、受影响最深的是班主任；最能让学生感受师生情感温暖的是班主任；学生最爱直接效仿的榜样还是班主任。无数事实表明，学生人生观的确立、思想品德的完善、智能的开发、学识的增长、身心的健康成长以及将来人生道路的选择，都离不开班主任的正确引导和帮助。因此，班主任是学生健康成长、全面发展的引路人。

（三）班主任是学校领导进行教导工作的得力助手和骨干力量

学校一般是通过班级来开展教育教学工作的。国家有关教育方针政策的贯彻落实，学校行政领导对于教育、教学工作改革的决议和计划，学校各个有关职能部门对学生教育和生活方面的要求，团、队学生组织开展的各项活动，以及组织学生参加公益劳动、清洁卫生工作，举办学校运动会、科技文化节等等，一般都通过班级这个基层组织来开展工作、落实完成。而班级所有这些工作，都是在班主任具体的教育指导下来完成的。因此，班主任在学校工作中有着特殊的地位和作用，是学校领导进行教导工作的得力助手和骨干力量。

（四）班主任是协调校内各种教育力量的纽带

实现学校教育的培养目标，不是仅仅靠哪一位教师、哪一位领导就能完成的，而是学校领导、全体教师共同劳动、相互配合才能实现的。学校围绕育人这项根本任务，贯彻国家的教育方针，组织实施教育教学工作，开展各项活动。班主任为了协调学校各方面的关系，营造教书育人的氛围，需要协调好与领导、与学生、与任课教师、与有关部门的各种关系，尤其是要协调好与本班任课教师的关系，使各位教师互相配合，步调一致，统一教育要求，形成教育合力，以增强教育的整体效应。因此，班主任是协调校内各种教育力量的纽带。

（五）班主任是沟通学校与家庭、社会的桥梁

学生处在学校、家庭、社会三种教育的交互影响下，从多方面接收信息，但受到各种影响。因此，在发挥学校对于学生教育主导作用的同时，还必须争取家庭的支持和社会的配合，才能形成统一的教育目标、统一的教育要求，克服负面的消极影响，提高教育成效。班主任是学校与家庭、社会联系的直接代表，是沟通学校与家庭、社会的桥梁。班主任以自己特殊的凝聚力把学校、家庭与社会三种教育力量汇集成一股强大的教育合力，目标一致地作用和影响于学生，促使学生在德、智、体诸方面得到发展。因此，班主任是沟通学校与家庭、社会的桥梁。

二、班主任工作的特点

（一）示范性

班主任是和学生接触最多、了解最多的教师，因而需要班主任的工作比其他任课教师的工作更全面、更具体、更细致。班主任的示范对学生来说是最直接、最经常的表率，是引导和规范学生成长所不可缺少的手段。在思想教育过程中，学生的文明习惯、道德风貌，以及人生观、世界观的形成，都有赖于班主任的言传身教，在这方面，班主任的一言一行都可能对学生产生难以估量的影响。另外，班主任的个性品质对学生也具有重要的示范作用。班主任是进取开拓，还是因循守旧；是敢作敢为，还是盲目服从；是守时惜时，还是拖拖拉拉；是倡导民主，还是独断专行，这些都潜移默化地影响着学生的个性品质。这就要求班主任不断提高自身素质，勤奋学习、努力工作、关心学生、严于律己，处处为人师表。一位模范班主任说得好："要求学生衣着整洁，仪表端庄，我先注意自己，哪怕一个纽扣也不可大意；要学生不迟到，我天天提前到校；叫学生劳动，我先带头干……凡是我要求学生做到的，自己都要首先做到。"班主任的表率作用是一种无声的命令。优秀品行、崇高精神能在班主任身上展现出来，就会使学生信服、仿效，就会激发学生发自内心的对真、善、美的追求。

（二）复杂性

班主任工作是由教育对象的特殊性与教育过程的复杂性决定的。首先，班主任劳动的过程是培养人才的过程，班主任面对的是学生的身体，更是学生的心灵。班主任工作的对象是正在成长的青少年，其知识、能力、情感与个性都处在不断发展变化之中。班主任要想取得良好的教育效果就必须对学生的内心世界进行不停的探索。班主任劳动的对象又都是具有主观能动性的个体，他们并不是消极被动地接受班主任的影响，同样的教育方式对不同的学生，可能会产生不同的效果。教育对象的特殊性决定了班主任劳动的复杂性。其次，班主任要履行的职责与完成的任务日益多样化。班主任既要教会学生学习，又要教会学生做人；既要传授知识与技能，又要培养学生的智力能力；既要发展学生的认识能力又要培养他们的情感态度。在同一时间、同一过程中完成多方面的任务，增加了班主任工作的复杂性。最后，影响学生发展的因素是多方面的。当今，家庭与社会因素在青少年身心发展中的作用相对上升，在多种因素影响之下，要保持学校教育的主导地位，就必须协调好学校与家庭，学校与社会的关系，做好家长及有关社会人员的工作；既要善于利用有益的校内外影响，又要善于抵御并转化不利的校内外影响，这说明班主任劳动不是简单的劳动。班主任工作的复杂性要求班主任应具备强烈的事业心和高度的责任感；具备渊博的知识，超强的能力和丰富的教育教学经验，这样才能胜任复杂的工作。

（三）创造性

班主任工作的复杂性决定了班主任工作不能墨守成规，即按照一成不变的刻板公式去工作。班主任必须不断进行探索和创新，创造性地运用教育教学的规律、原理、原则和方法，在复杂多变的教育情境中培养塑造人。首先，班主任工作的创造性表现在因材施教上，班主任不仅要针对学生集体的特点，而且还要针对学生个体的特点进行教育。其次，班主任工作的创造性表现在对教育、教学的原则、方法、内容的运用、选择和处理上。教育有原则可循，但无死框条可套。教育对象是复杂多变的人，在什么时候、什么情况下运用什么原则以及怎样运用，在很大程度上取决于班主任劳动的创造性。同样，教育有方法可依，但无定法可抄。班主任必须根据不同的情况创造性地选择和运用教育方法，并经常寻求和探索新的、更有效的教育方法。第三，班主任工作的创造性表现在班主任的教育机制上。简单地说，教育机制就是一种对突发性教育情景做出迅速、恰当处理的随机应变的能力。教育工作并不是千篇一律的，教育条件不可能毫无差异地重复出现，因此，教育工作绝没有一个固定的程序和模式。班主任要善于捕捉教育情景的细微变化，迅速机敏地采取恰当的措施。富有创造性的班主任，常常能够巧妙地利用突然发生的情况，或者创设新的情景把教育活动引向深入，或者化消极因素为积极因素，使教育活动更加生动活泼。

（四）时代性

当今世界，社会是突飞猛进的发展，科学技术是日新月异，国际竞争日趋激烈，几乎所有国家都在进行着生活方式、思维方式、价值观念的变革。在我国，随着时代的发展，青少年学生的思想特点和个人发展需求有了很大的变化。这些反映到学生的头脑里，必然会形成新的道德价值观、新的思想特点。这就要求班主任工作的目的、内容、要求、方法和手段必然要随之变化。班主任必须正视这一现实，面对新的形势，转变教育观念，提高自身素质，掌握现代班主任工作的策略，体现出班主任工作的时代性。

（五）全面性

班主任要带好班级、教好学生，就要对班级学生全面负责、全面管理，即德、智、体诸方面都要管。如思想品德、学业成绩、身体健康、心理素质、审美素质、劳动素质、社交素质、体育卫生、课外校外活动、团队工作、联系任课教师、沟通家长和社会教育力量等等，凡是涉及学生的教育、学习、生活等的各方面都必须管，有的班主任说管理学生是"吃喝拉撒睡，样样要到位"。可见，班主任要做的工作是全方位的。

第二节　班主任工作的任务和职责

一、班主任工作的任务

班主任工作的基本任务就是带好班级、教好学生，即依据国家确定的教育目的和当前学校的教育任务，协调来自各方面对学生的要求和影响，有计划地组织全班学生的教育活动，做好学生的思想教育工作并对他们的学习、劳动、课外活动和课余生活等全面负责，把班级培养成为积极向上的集体，使每一个学生在德、智、体、美、劳等方面都得到充分的发展，形成良好的个性，促进学生特长的养成和发展。

二、班主任工作的职责

班主任的基本职责用一句话概括就是：要对班级工作全面负责。换言之就是班级内部的所有活动及影响班级、学生发展的外部因素的调控和引导无不需要班主任尽心尽责。在此职责范围内，班主任要在遵循教育规律、全面贯彻党和国家教育方针的前提下，创造性地做好学生的工作、任课教师的工作、家长的工作，控制和利用好各种社会影响因素，当好学校领导的参谋和助手。

（一）做好学生的工作

做好学生的工作是班主任工作任务的核心，是班主任开展其他工作的出发点和归宿。可以说，班主任工作的方方面面，不管如何曲折复杂，都是围绕着"教育好学生"这个中心点进行的。做好学生的工作可以用三句话来概括和要求：一切为了学生；为了一切学生；为了学生的一切。它要求班主任所做的一切工作都应是为学生的健康成长，而不应成为替自己博取名利或取悦上级领导的点缀。班主任工作要面向班级里的所有学生，不能对个别学生搞歧视或冷漠视之。班主任工作不能有偏废，不能只重智育，而忽视全面发展。这在当前进行新课程改革、推广素质教育的时候更应引起格外重视。做好学生的工作通常应注意以下几个方面：

1. 抓好常规教育

常规是对学生经常性的学习、工作和活动提出要求，如课堂常规、宿舍常规、礼仪常规、集会常规、文体活动常规等。常规教育是依据常规对学生进行教育和管理，或者依靠常规使学生进行自我教育和自我约束的过程。

班主任实施班级常规教育应做好以下几个方面的工作：

（1）制定完善的规章制度。制定规章制度的依据有：党和国家对学生基本要求、现代化社会和未来社会对学生的要求、学校工作和班级工作对学生的要求、学生自身健康成长规律的要求等等，在制定规章制度的过程中要注意从大处着眼、从细处着手，表述要尽量具体、形象，避免空洞的、不切实际的要求，同时规章制度体系应体现出全面的、完善的特征。

（2）使班内学生理解并认同规章制度。要通过向学生生动形象地介绍制定规章制度的依据、原理和符合规范的行为在社会生活中的广泛适应性，使学生认识到规章制度的合理性，并从情感上认同规章制度。

（3）鼓励学生自觉地按规章制度办事。规章制度不能永远只作为学生外部的异己力量，而应该内化为学生精神世界的一部分，成为其适应、服务和超越当代社会生活的一种工具。班主任应要求、激励、指导学生自觉地按规章制度办事。

（4）严格执行各项规章制度。在学生入校初期或实施常规教育的初期，严格按规章制度约束和引导学生的言行是十分必要的，如果班主任一开始就要求不严，会给学生造成一种班主任不重视规章制度的印象，从而降低规章制度的权威性。令不行，禁不止，常规教育就会濒于流产。即使是在多数学生自觉性极大提高的情况下，严格执行规章制度也是必不可少的。

2. 全面培养学生的基本素质

学生的素质具有一个复杂的体系结构，这种结构呈现为一种金字塔形的构造，越是处于高层的素质越专业化、综合化，同时也就越需要基础性的素质作支柱。而基础性的素质一般具有普遍适用、不可偏废等特点，我们称之为基本素质。随着人们对人才及人才成长过程的重新审视，用人单位越来越重视人才的基本素质，各级各类学校中"全面素质教育"的概念也越来越得到普及。班主任应对培养学生的基本素质予以足够的重视，为此应做好以下工作：

（1）培养学生良好的思想品德。班级是学校对学生实施德育教育的基本阵地，班级工作是学校德育教育最有效的途径，而班主任则是班级德育工作的主导者。班主任的中心工作就是要对班级和班级成员进行有计划的、经常的思想品德教育，从而培养学生良好的思想品德。班主任在工作中与本班学生接触时间最长，对每一个学生各方面的情况了解得最深刻，这就为班主任有针对性地开展各项德育工作创造了必要的前提，并提供了大量的思想品德教育的机会和情景。从另一角度看，学生与班主任接触得最多也最广泛，在与班主任的接触和共同活动中他们普遍对班主任产生有信任、崇拜、尊敬、热爱和亲近之情，使班主任具有较高的威信，为班主任富有成效地对学生进行思想品德教育奠定了良好的心理基础。培养学生良好的思想品德就是使学生具有爱祖国、爱人民的思想情感，逐步树立辩证唯物主义、历史唯物主义的基本观点，具有良好的品德，以及具有一定的分辨是非和抵制不良影响的能力，养成文明礼貌、遵纪守法、团结合作等行为习惯。

（2）提高学生文化科学素质。要提高学生文化科学素质，班主任就要帮助学生高质量、高效率地掌握知识。班主任通过激发学生高涨的学习热情，教给学生基本的学习方法，培养学生良好的学习习惯等，让学生掌握必需的科学文化基础知识和基本技能，具有一定的自学能力，以及运用所学知识分析问题、解决问题的能力和动手操作能力，培养学生实事求是的科学态度和不断追求新知识的精神。

（3）全面培养学生的基本能力。基本能力是相对于专业技能而言的，是一些为适应社会生活人人都应具备的最基础的能力。学生应具备的基本能力包括：生活自理能力、语言表达和交际能力、与人相处和适应集体生活的能力、制订计划和组织协调能力。另外，为适应社会发展的需要，还要培养和发展学生的特长及创新能力。

（4）培养学生健康的体魄。我们的学生常常显得老成有余，活泼不足。这种缺乏朝气的精神面貌与学生缺乏运动不无关系。班主任要给学生讲清锻炼身体的必要性，以丰富多彩的实例和活动提升学生自觉锻炼的兴趣，并联系体育教师和卫生专家教给学生体育锻炼和卫生保健的方法，还要进行必要的检查与督促，帮助学生养成自觉锻炼身体和注意卫生保健的良好习惯。

（5）培养学生良好的心理素质。良好的心理素质是适应环境，赢得学习、工作和生活成功的必要条件，是形成和发展人的智能素质、品德素质、审美素质、劳动素质的基础，在学生各种素质形成中起着调节作用。因此班主任应该系统地向学生介绍心理健康方面的知识，更重要的是通过班级工作和大量的集体活动磨炼和培养学生，帮助他们形成良好的心理素质，如顽强的毅力、坚强不屈的意志、高度的自信、敏锐的感知、周密的思维、机智灵活的应变能力，以及敢于冒险和开拓创新的意识，甚至可以有意识地为学生设置一些挫折情景。

（6）增加学生的社会阅历。长期被限制在学校里、不接触社会的学生就好像关在笼子里的小鸟，一旦把它放飞在广阔的天地反而不能很快适应。学校生活是为未来参与社会生活做准备的，如果不给学生一个逐渐的适应过程，两者是不可能很好地衔接的。因此，班主任要设计和组织各种活动，带领学生走上社会。如寒暑假的社会实践和调查活动、春天的植树、学雷锋、助残等公益活动，城乡学生的交流活动，深入工厂、城市和农村的社会考察活动等等。

（二）当好学校领导的参谋和助手

班主任要通过自身的努力使班级工作符合学校整体工作的要求，及时全面地落实学校的工作安排。班主任在班级工作中一方面要做到"上情下达"，贯彻学校领导的意图和要求，使班级工作符合学校整体工作的要求，及时全面地落实学校的工作安排；另一方面，还要做到"下情上达"，把学生的要求和呼声反映上去，供学校领导做决策时参考。为此就需要班主任搜集提供第一手的、翔实的材料，准确的工作信息和建设性的意见。只有这样，班主任才能当好学校领导的参谋和助手。

（三）做好任课教师的工作

一个班级通常都有若干名教师教授不同的学科知识，共同负责学生的教育教学工作，这些任课教师就形成了一个集体。在这个集体中，班主任处于中心地位，他是联系各任课教师的桥梁和纽带。如果组织协调得当，就可以增加各科教师的教育合力，帮助任课教师更好地开展工作，进一步提高任课教师的教育影响力和工作成效。在这项工作中，班主任要积极主动的帮助任课教师形成融洽的关系和气氛，沟通他们的思想，协调他们的行动。并且，班主任要帮助任课教师加深对班内每一个学生的了解，积极主动地向他们介绍学生的思想动态，帮助任课教师在学生间树立威信，并将学生的学习情况以及碰到的问题反馈给任课教师。另外，班主任要征求任课教师对学生的看法，协调师生关系；还要争取任课教师的配合与支持，处理好班级工作的热点和难点问题。

（四）做好学生家长的工作

学生在日常生活中接触最多的就是自己的家长，家长对子女的成长有巨大的影响力。我国有着悠久的家教传统，这对我们开展学生家长的工作是极为有利的。但是在学生家长中目前仍有少部分人存在着不正确的思想和认识，常常跟学校的教育目标相互冲突。这些都需要班主任从理论上和实践上对家长的教育行为进行指导，帮助他们掌握科学的教育规律和方法，把家长望子成龙的热情转变为现实的教育力量。同时，通过及时地向家长介绍学校各个时期的工作安排和告知学生在校学习、工作和活动的有关信息，可提高家庭教育的针对性，使家教工作配合学校目标的达成。

（五）控制和利用社会影响因素

学校是社会这个大系统中的一个子系统，它无时不受社会这个大系统的影响和左右。走进校园外的社会，学生就更直接地受到社会上各种因素的影响与冲击。就性质而言，社会因素可分为积极因素和消极因素两大类。以辩证唯物主义的观点来看，这些社会因素只是外因，它们如果要作用于学生的内心，必须通过学生的主观世界这个内因才能起作用。班主任控制和利用社会影响因素，可从以下几方面着手：首先，要禁止学生参与赌博、盗窃、打架斗殴以及过分娱乐（如沉溺于电子游戏而不能自拔）等不良的社会活动，杜绝消极外因对学生的影响；其次，要加强思想品德教育，提高学生分辨是非和自我约束、自我监督的能力；再次，对社会上一些有利的因素，如伴随奥运会兴起的爱国热情、民族自豪感等要充分加以利用，还可以利用校外一些教育设施，如青少年宫、科技发明展、博物馆、爱国主义教育基地等对学生进行多方面的教育。

第三节　班主任工作的原则和方法

一、班主任工作的原则

班主任工作的原则是班主任对全班学生进行教育及管理时必须遵循的基本要求。它是根据班主任工作的特点和任务制定的，是解决班主任工作过程中的一些基本矛盾和协调班主任工作过程中的各种关系的基本准则，是许许多多班主任实践经验的概括和总结。班主任工作原则的体系处于不断的更新中，随着人们经验的积累和对班主任工作认识的深入，这一体系必将进一步得到完善。正确领会、全面贯彻班主任工作的原则，对于广大班主任掌握工作策略、提高工作质量和达到工作效果具有重要的指导意义。

（一）全面教育原则

全面教育是指班主任对学生思想品德、学业成绩、身体健康、审美素质、劳动素质、心理素质、社交素质等全面关心，进行德、智、体、美、劳等全面教育。贯彻这一原则是实施素质教育的要求，是实现党和国家的教育方针中"使受教育者在德、智、体等几方面都得到发展，培养现代化建设所需要的人才目标"的要求。

在班主任的各项教育工作中，应当重视对学生的思想道德教育。但思想道德教育仅仅是班级工作的一部分，班主任要关心学生身心各个方面的全面成长，不仅要指导学生思想品德的培养、心理素质的提高，而且要指导学生的学习、劳动、生活、社会实践；不仅要指导好学生的课内、校内生活，而且要指导学生的课外、校外教育活动。在班主任工作中要花大力气抓好学生文化课的学习，要培养、激发学生的学习动机，进行学习目的性教育，端正学习态度，指导学生的学习方法，帮助他们学会学习。指导文化课学习也只是班主任工作一个方面、一个部分。在日常生活中，有的班主任只重视抓学生的升学率，忽视学生思想品德的健康成长，忽视学生的休息、娱乐和劳动习惯的培养，这些都不符合全面教育的原则。

　　全面教育的原则是由党和国家的教育方针以及中小学教育的性质和任务决定的。中小学教育是基础教育，中小学阶段是为人的全面发展奠定基础的。班级是学校教导工作的基本单位，党的教育方针的贯彻最终要通过班主任的工作落实到班级每个学生身上。班主任是不是面向每个学生的全面发展，直接关系到学校的办学方向和办学成果，关系到学生的健康发展，关系到民族素质和祖国的未来。因此，班主任一定要端正教育指导思想，自始至终把工作的着眼点投放到学生的全面发展上。有人说，忽视智育会出次品，忽视体育会出废品，忽视思想品德教育会出危险品。这并不是危言耸听，而是一种教育实践经验的概括，值得每个班主任老师吸取经验。因此，班主任工作必须遵循全面教育原则，不可偏废。

　　班主任贯彻全面教育原则应注意以下要求：

　　1. 认真学习班主任工作中有关班主任职责的规定，以及认真学习教育学中班主任理论，全面认清自己的职责、任务，明确自己的工作内容以及各部分工作之间相互的关系，以全面对学生进行教育。

　　2. 班主任在制订班级工作计划时，要体现全面教育的要求。确立班级工作目标，追求班级工作整体效率和质量。班级工作的计划、组织、控制、调节都从全面教育的要求出发。

　　3. 要处理好重点工作和全面工作的关系。每个班级不同时期有不同的情况，要认真分析矛盾，找出主要矛盾或问题，即在诸多的工作内容中，应有其主要的、影响班级全面的重点内容，全面教育并不否定不同时期要抓住主要矛盾，不否定要抓住主要的工作，亦即做到纲举目张，抓住主要工作，带动全面工作的开展。

（二）知行统一原则

　　知行统一原则是指班主任在工作中既重视对学生进行系统的理论教育，又重视在实际活动中进行教育，把提高学生思想认识和良好行为习惯的培养结合起来。

　　"知"和"行"是一个辩证的统一过程，相互联系，相互作用。"知"是基础，"行"是结果。对事物有正确的认识，才会产生坚定的信念、正义的情感、坚强的意志、高尚的行为。反过来，行为又可以加深人们的思想认识、感情的升华、信念的确立、意志的锻炼。

　　班主任贯彻知行统一原则应注意以下要求：

　　1. 理论学习要结合实际

　　思想认识是行为的先导，班主任必须注意用马克思主义的基本理论和社会主义的道德规范武装学生，才能真正提高学生的社会主义思想觉悟、树立远大的理想和培育高尚的品德。如果学生对社会主义毫无所知或一知半解，怎能形成社会主义的品德？当然，理论的学习要联系实际，包括联系社会主义建设、人民生活、社会主义人际关系和学生品德等实际，使学生从中得到启示、鼓舞，从而增长见识和受到教育，这样才能解决他们思想认识上的问题，切实提高思想觉悟。

2. 要加强学生的实践环节

班主任要组织学生广泛开展各种活动，尤其是道德实践活动，使学生在活动中养成良好习惯，提高道德品质，践行社会性的思想道德要求和正确的自我思想道德要求。加强学生的实践环节，要努力激发学生正确的动机，教育学生正确对待困难、挫折和失败，教会学生将抽象的理论和规范转化为具体的行动。同时督促学生严格要求自己的一言一行，使学生不以善小而不为，不以恶小而为之，引导学生在实践活动中反思自己对理论和规范的理解，使"知"和"行"统一起来，相得益彰。班主任应经常注意教育学生从点滴小事做起，讲求实效，而对每件小事的教育，又时刻不忘教育的最高要求，这也是班主任坚持知行统一原则的艺术性。有位班主任针对学生考试作弊的现象组织了一次讨论会，很多同学在会上都谈了作弊的客观原因和坏处，但很少谈及作弊的虚假性、欺骗性及人格不健全的主观原因。班主任则帮助学生着重分析了作弊时个人心理及对人格的不良影响，最后拿出一张纸说："同学们，为什么不能把考试时实事求是，作为自己的一项学习准则呢？从现在开始，谁不愿做一个沽名钓誉的伪君子，就请签上你的名字吧！"老师这番深沉的话语重重叩击了同学们的心，全班同学都郑重地写下了自己的名字，从此，这个班的作弊现象消失了。从这件事我们看到，只有时时、事事都不忘对学生进行知行统一的教育，才能体现学校教育对一个人精神世界的巨大影响，才能使学生因受过学校教育而受益终生。

3. 班主任要为学生做出言行统一的示范

班主任在自己的工作过程中，一定要坚持实事求是，既要学生说真话、实话，自己也要有说真话干实事的模范标准。教育者的言行不一、表里不一，不仅会失去学生的信任，而且也会使学生对所进行的教育（甚至是所有的教育）产生虚假感。在教育过程中，任何方法上的不当，都没有比教育者自身的言行不一更糟糕的了。同时，在衡量评价学生时，应注意分析他们"知"和"行"的发展状况，了解和发现他们言行之间的差距及造成的原因，并以适当的措施加以解决。班主任要严于律己，加强自身的修养，说到做到，言行一致；班主任要自觉学习，提高思想理论水平，熟知各项思想道德规范；在正确、先进的思想和理论指导下生活、学习、工作，为学生树立学习的榜样。

（三）全体激励原则

全体激励原则是指班主任要激发班级全体学生的行为动机，激励全体学生参与班级工作的热情，强化班级所有学生的行为，使其保持积极的状态。人的行动的一切动力都一定要通过他的头脑，一定要转变为他的意愿和动机，才能使他们行动起来。全体激励是要求在文化知识学习中全班学生都能以积极的态度投入其中，而不只是少数学习成绩优秀学生被激发；在班级社会工作、社会生活中，每人都能积极投入，而不只是少数积极分子、学生干部被激励起来。全体激励并不否定差别性，在学习上、社会工作能力上、责任感上，都会有差别，不能对每个人同样要求，应区别情况分别对待。但在激发动机、热情，强化行为方面的要求应是面向全体学生的，而不是只面向少数人。中小学教育是基础教育，它要求面向全体学生，以培养全体学生的基本素质。

班主任贯彻全体激励原则应注意以下要求：

1. 要求班主任要公正、平等地对待所有学生。班主任对学生应该一视同仁，使每一个学生都在自己的心目中占据一个位置。不应根据学生学习成绩的优劣、个人的好恶，甚至是与班主任关系的亲疏程度区别对待学生。这是对学生的不负责任，也是对教育事业的不负责任。班主任要防止只激励少数升学有望或执行能力强的、老实听话的学生，而忽略了其余的学生。也就是说，既要调动学习成绩优秀学生、学生干部、积极分子的积极性，又要使大多数处于一般状态的学生能发挥积极性。要使他们保持心理平衡，感到自己在集体中受到尊重、受到信任、受到公正平等对待。使干部学生和一般学生、男生和女生、优生和差生都可能有成功的机会、获得成功的体验。

2. 要善于用班级共同的目标激励所有学生。班集体的形成、巩固、发展是以共同目标为前提，要组织全班学生确立远、中、近的努力目标。班级、小组、个人都有目标且形成协调系列，即个人的目标是小组的、班级的目标的具体化和组成部分。班、组的目标要具体转化为小组的和各个人的努力目标，以诱发、引导、激励每个人的行为。

3. 要善于用激励方法教育所有学生。激励方法具有自主性、活动性、竞争性、新异性、知识性、趣味性、娱乐性等。它符合学生独立自主意识发展、活泼好动、争强好胜、喜新好奇、渴求知识、喜欢娱乐等特点和愿望，因此能激发学生的积极性。

（四）因人施教原则

因人施教原则是指在班主任工作时，必须充分了解教育对象，针对他们的年龄特征、时代特点和个性差异，以及德、智、体发展的状况，有的放矢地提出教育要求，选用合适的内容和方法，解决不同学生所存在的问题，以充分发挥班主任工作的实效。

孔子在他的教育实践中十分重视了解学生的不同特点，并且他也善于根据学生的不同特点开展教育。宋代朱熹将孔子的思想和经验总结为"孔子施教，各因其材"。后世历代教育家都将因人施教作为对教育活动的最基本要求，使得因人施教成为成熟教育者自觉遵守的工作常规。马克思主义认识论告诉我们：一切工作只有从实际出发，才能使主、客观统一，进而取得应有的效果。学生的实际是进行班主任工作的客观基础。

班主任贯彻因人施教原则应注意以下要求：

1. 全面了解和研究学生

学生是我们的教育对象，为了使每个学生都成为全面发展的人，就必须首先了解、研究每个学生。只有了解得透彻，才能教育得深刻，帮助得准确。作为班主任应着重在以下几方面了解学生：一是学科知识技能的掌握情况；二是一般的学生技能技巧的掌握情况；三是智力发展水平及智力素质；四是学习态度；五是工作能力及健康状况；六是兴趣爱好和文化视野；七是思想品德新动向；八是家庭环境和教育影响；九是同伴及其校外影响；十是学生性格特点。只有通过这些方面的了解，我们才能达到对每个学生全面的、较准确的认识，才能制定对每个学生进行培养教育的对策。实践证明，班主任工作要讲究穿透力，即通过深入了解学生的各种情况，善于透过现象看到本质，善于透过偶发事件寻找出其必然的缘由，善于摸透学生存在问题的症结并对症下药，这是班主任取得工作成效的重要经验。

2. 根据学生个人特点有的放矢地进行教育

由于学生各人都有自己的生活环境、成长经历、个性特点和内心的精神世界，因而对他们的教育必须有的放矢，采用不同的内容和方法来因人施教。用一句通俗的话来说就是"一把钥匙开一把锁"。为了打开每个学生心灵之锁，必须善于找出，并运用特定的钥匙，也就是要打破"一般化""老一套"的教育方法，找到能适合学生特点、开启学生心灵的德育内容和方法，创造性地进行教育。

（五）严爱相济原则

严爱相济原则是指在教育过程中，班主任既要尊重、信任、热爱学生，又要对学生提出严格的要求，把严和爱有机结合起来，使它们相互作用，严出于爱，爱寓于严，使得班主任的合理要求转化为学生的自觉行动。

严爱相济原则既体现了班主任对学生高度的负责精神，也体现了社会主义人与人之间的民主、平等、团结、友爱的新型关系。班主任要懂得爱是严的基础，严是爱的体现。失去严格要求的爱，只能是放任自流的溺爱；缺乏尊重与信任的严格要求，也可能变成刁难、苛求。只有把两者紧密结合在一起，才能取得最佳教育效果。因此，班主任在自己的工作过程中，把对学生的关心热爱与严格要求结合起来，既是其神圣的职责，又是其崇高的美德。

1. 要在关心热爱学生的基础上提出严格要求

培养人、教育人不能不提出要求，如果不这样，实现教育目的就会成为一句空话。那么为什么一些合理的要求，有的学生能够接受，而有的学生不能接受呢？对学生的关心热爱、尊重信任非常重要。同成年人一样，青少年也有着强烈的，想要被人关心热爱、尊重信任的需要，他们常常以班主任对自己是否关心热爱、尊重信任的情感体验来决定是否接受来自班主任提出的各种要求。学生总是乐于亲近关心热爱、尊重信任他们的班主任。只有"亲其师"，才能"信其道"。

2. 要在严格要求的过程中体现对学生的关心热爱、尊重信任

在严格要求过程中体现对学生的关心热爱、尊重信任就是要在学生执行和完成要求的过程中，班主任要热情支持、精心指导。对能力强的，应鼓励他们对自己充满信心；对能力弱的，应"扶上马，送一程"。班主任在执行和完成要求过程中，对学生

取得的进展和成就，应在热情、肯定的基础上鼓励他们再接再厉；对学生遇到的困难，予以热情帮助和解决；对学生遇到的挫折和失败，要热情帮助查找原因，并为其提供和创造条件使他们成功，要力戒埋怨、挖苦和生硬的指责。

3. 对学生的爱要得体，严而有格

所谓爱要得体，就是班主任对学生爱的情感应是纯洁真诚的而不是虚情假意的，应是公正无私的而不是狭隘庸俗的，应是理智的而不是盲目的。爱是尊重、信任学生的基础。没有对学生的爱，尊重信任就显得缺乏实在性，也难以做到对学生长久的尊重和信任。一般说来，爱好的学生容易，爱落后的学生则比较难。那么如何才能对落后的学生产生爱的情感呢？很多班主任都采用"心理互换"或"位置互换"的方法，且这些方法是值得借鉴的。所谓严而有格，就是对学生的要求不能超越客观实际和学生自身的实际。要正确合理，具体明确，体现层次性；要帮助学生正确理解要求，使学生了解执行和完成要求对自身发展的积极意义，把外在的要求变成自我要求。而提出的要求一经被认同，就应严格执行。

（六）公正合理原则

公正合理原则要求班主任在工作中无论对人对事都要公允、平等、正直。在批评、表扬、评先、评优工作以及生活、活动中，班主任对学生的态度都是学生极为敏感和重视的问题，班主任要一碗水端平，否则极易挫伤部分学生的感情，失去学生的拥戴。

班级教育对象是几十名享有平等教育权力的学生。公正合理原则要求班主任在工作中无论对哪一个学生都要公允、平等，即班主任对班集体中的任何成员都要一视同仁，班主任在处理班集体中的任何一件事情都要公平合理，而绝不可分亲疏、抱成见、搞关系和感情用事。说得具体一点，班主任在运用批评和表扬、在实施奖励和惩罚、在处理问题和事件、在给予关心和照顾、在写操行和鉴定、在推荐先进和模范、在提供条件和机会等问题上，甚至在处理某些细枝末节问题上，都要出于公心，公正办事。只有这样，班主任才会在学生心目中建立起应有的威信，才能赢得全班同学的共同拥戴，才能获得对每个学生提出教育要求的权力。因此，公正合理原则是班主任工作中至关重要的原则。

班主任贯彻公正合理原则应注意以下要求：

1. 要尊重事实。班主任只有尊重客观事实，不对任何学生抱有成见，才会公平合理。

2. 对学生一视同仁。班主任只有对学生一视同仁，不分亲疏远近，不感情用事，才能防止认识上的主观片面化和绝对化。但注意：不要为公平而搞平均主义，要保持自己的一身正气。

3. 要深化对全体学生的情感。要防止情感倾斜，避免感情用事。许多事实证明，贯彻公正合理原则对班主任来说并非容易的事，它需要班主任不断地学习，以提高自身的素质和修养。

以上班主任工作的六个原则是从不同的侧面反映了对班级工作的基本要求，它们之间是相互联系、相互渗透的。因此做好班级工作，应统一考虑上述各个原则，以求取得更好的教育与管理效益，进而取得班级教育管理的整体效应。

二、班主任工作的方法

（一）说服教育法

说服教育法是班主任通过摆事实、讲道理，使学生提高认识、形成正确观点的方法。若要求学生遵守道德规范、养成良好的行为习惯，首先就要提高认识、启发自觉、调动学生的积极性，这就需要运用说服的方法来讲道理。只有学生的认识提高了，他们才能自觉地去履行。说服包括讲解和报告、谈话、讨论或辩论、阅读指导等。

说服教育法的运用应注意以下几点要求：

1.目的明确、针对性强。班主任在说服学生时，心目中必须明确要达到什么样的目的，要解决学生什么样的问题，针对这些目的和问题需要给学生讲明哪些道理等等。要从学生的思想实际出发，注意学生的个别特点，有的放矢地找到符合学生的需要，切中学生思想的要害，启发和触动他们的心灵。切忌一般化、唠叨、冗长、空洞，否则会使学生感到单调、厌烦和枯燥。

2.富有知识性、趣味性。青少年渴求知识，期望更多地了解社会、人生，故说服要注意给学生以知识、理论和观点，使他们受到启示、获得提高。但选用的内容、表述的方式要力求生动、有趣，使学生喜闻乐见，留下深刻印象，并乐于去实践。

3.把握好教育的时机。说服的成效往往取决于班主任是否捕捉到了教育的最佳时机。班主任把握好教育时机，就可以拨动学生的心弦，引起他们感情的共鸣，所讲的各种理论和观点才能更好地被他们所接受。如当学生因犯错误而懊悔时，班主任帮他分析原因，研究改进措施，制订改进计划；当学生取得成绩而自豪时，班主任帮助他总结经验，进一步查找不足，激励他不断提高成绩，争取更大进步，等等，都会取得良好的教育效果。

4.以诚待人。说服学生，班主任的态度要诚恳，情深意切，语重心长。抱着与人为善的态度，才能扣开学生心灵的门户，理性之光才能照进学生的心田。

（二）榜样示范法

榜样示范法是班主任利用模范人物的品质和先进事迹或者他人在某种活动中科学、正确的行为方式教育学生的方法。榜样把道德观点和行为规范具体化、人格化，形象而生动，能给人以极大的影响、感染和激励，教育、带动和鼓舞人们前进。榜样的力量是无穷的。为学生提供学习模仿的榜样，可以有效地激发他们的上进心，教育、引导、激励他们前进。榜样包括：伟人的典范、教育者的示范以及学生中的模范。

榜样示范法的运用应注意以下几点要求：

1.选好学习的榜样。选好榜样是学习榜样的前提。伟人的典范、教育者的示范、学生中的模范各有特点，这在对学生思想、学习发展的促进作用方面也各有长短。班主任在不同的时期要根据学生实际需要选择不同类型的榜样，有针对性地对学生的发展进行引导，追求最大限度地发挥榜样的引导和激励作用；同时要教育学生学会正确地选择和学习心目中的榜样。

2. 激发学生对榜样的敬慕之情。要使榜样能对学生产生力量，推动他们前进，班主任就要引导学生了解榜样；了解所学习榜样的身世、艰苦奋斗的经历、伟大卓越的成就、崇高光辉的品德，特别要了解那些感人至深、令人起敬之处，使他们在心灵深处对所学榜样产生惊叹、爱慕、敬佩之情。这样，外在的学习榜样才能转化为学生心目中的榜样。为了培养学生对历史典范人物的情感，指导学生读一些历史著作、人物传记十分重要；为了引导学生向生活中的模范老师和优秀生学习，应鼓励他们多接触这些人，多接近才能产生情感，才能受到良好影响。

3. 引导学生学榜样、见行动。常有这种情况，当学生听到伟人、英雄和杰出人物的事迹时激动得泪流满面并决心向他们学习，但时过境迁，很快一切便烟消云散。形成这种情况的原因在于没有抓住时机及时把学生的感情冲动引导到行动上来，没有把敬慕之情转化为道德行动和习惯。"学英雄，见行动"是经验之谈，班主任在运用榜样法时要特别关注学生的行动，要教育引导学生在自己的学习生活中用行动去仿效榜样。

（三）陶冶教育法

陶冶教育法是指班主任通过创设良好的情境和氛围，对学生进行潜移默化的改变，使其耳濡目染、心灵受到感化，以达到班主任工作目标的方法。陶冶包括人格感化、环境陶冶和艺术陶冶等。

陶冶教育法的运用应注意以下几点要求：

1. 班主任要提高自己的威望。陶冶教育的一个重要途径就是班主任以自己的品德与情感为情境对中小学生进行陶冶。在这里，班主任不是通过说理和要求教育学生，而是以自己的高尚情操、人格，以对学生的深切期望和真诚的爱来触动和感化他们。经验表明：班主任的威望越高、对学生的关怀和爱越真挚，他对学生人格感召的力量就越大。因此，班主任必须加强品德修养、恪守教师道德、以身作则，使学生在班主任经常、恒定的身教中得到熏陶和教育。

2. 要为学生创设良好的班级环境。要有效地陶冶学生，班主任应千方百计地创设一个良好的班级环境。这种环境包括：美观、朴实、整洁的学习与生活环境，团结、紧张、严肃、活泼、尊师爱生、民主而有纪律的班风、校风。为此，班主任一方面要善于按照其工作目标，运用教育艺术与机智，精心设计教育情境对学生施以熏陶和感染；另一方面，要努力改变和消除可能对学生产生不良影响的各种情境，对情境的不良因素要善于控制、引导，提高学生的识别和抵制能力。

3. 要与启发说服教育相结合。通过创设情境陶冶学生，这不仅与班主任对学生的说服教育不矛盾，而且为了更有效地发挥情境的陶冶作用，则不能只让创设的情境自发地影响学生，还需要班主任配合以启发、说服，引导学生注意到自己学习与生活的情境的美好、温暖、富有教益，并习惯和喜爱这种良好的情境，让学生自觉地吸取情境的有益影响，从而也在自己的身上培养起相应的良好品德与作风。

（四）实际锻炼法

实际锻炼法是班主任组织学生参加一定的实际活动，在实践中磨炼意志、培养优良品德、行为习惯的方法。实际锻炼包括学习活动、社会活动、生产劳动、课外文体、科技活动等。

实际锻炼法的运用要注意以下几点要求：

1. 坚持严格要求。有效的实际锻炼依赖于严格要求。进行任何一种锻炼，如果不严格遵守一定的规范和要求，而是马马虎虎，那就会搞形式主义，不可能使学生得到锻炼和提高。有经验的班主任都懂得，对学生品德的锻炼贵在一个"严"字，丝毫不能放松。一处松，处处都松。对一个学生马虎，对个个学生都可能马虎，班主任的要求便流于形式。

2. 调动学生的主动性。实际锻炼虽有赖于班主任的要求，但主要是学生的活动。只有激发学生的主动性、积极性，使他们内心感到锻炼是必要的、有益的、有价值的，他们才能自强不息、自觉严格要求自己，从而获得最大的锻炼效果。在同一个活动中经受锻炼，结果有的学生有很大的收获，有的学生则收获不大或没有收获，其差别就在于学生主体的主动性、积极性是否调动起来了。

3. 注意检查和坚持。良好的习惯与品德的形成必须经历一个长期的、反复的锻炼过程。前紧后松、一曝十寒、时冷时热，都不仅无益于品德的培养，而且一旦造成学生疲沓散漫的习气，则将严重影响德育的进行。故对学生的实际锻炼，要强调自觉，但又不能放松对他们的督促、检查，还要引导他们长期坚持下去。这样，久而久之定会见成效。

（五）生活指导法

生活指导法是班主任结合生活实际给每个学生的学习、生活以具体引导和帮助，使其获得尽可能充分的和全面的发展，并通过生活实践的磨炼帮助学生形成自我选择、自我决定的能力。生活指导包括学习指导、品德指导、身心健康指导、闲暇指导、个人生活指导、升学指导等。

生活指导法的运用要注意以下几点要求：

1. 根据学生的实际状况进行指导。所谓实际情况可能有几种：第一，是本班学生在实际生活中遇到的带有共性的、普遍性的问题；第二，是某类学生带有共性，同时又具有代表性的问题；第三，是个别学生的特殊性问题。对这三类"具体状况"应该具体分析，区别对待。或进行集体指导，或进行个别指导。

2. 要加强与学生的多方位沟通。加强与学生的沟通有助于班主任深入了解学生的生活状况、思想和活动，为有针对性地实施生活指导提供帮助。多方位沟通也有助于培养和谐师生关系，增强学生对班主任的向师性和亲近感，使得班主任的生活指导变得更为灵活和有效。多方位沟通本身就具备为生活指导的直接意义。

3. 生活指导过程中还要注意思想引导在先，重视培养学生自我管理能力，既坚持严格要求学生，又注意班主任的示范作用。

（六）自我教育指导法

自我教育指导法是指班主任通过引导、指导学生自我学习和自我教育，促使他们自觉进行行为转化和行为控制的方法。自我教育指导是班主任工作的一个方面，而学生学会自我教育则是班主任工作的目标和努力方向。自我教育指导法的最大特点是激发学生高度的自觉性，即激发学生的自我意识、培养和发展自我教育能力，从"他律"逐步过渡到"自律"，以"教"达到"不教"。外在的社会要求，只有通过学生的自觉接受、亲身体验、实际应用，并转化为内在的坚定信念，才能真正成为自己的精神财富。自我教育指导包括学习、自我批评、座右铭、自我实践体验与锻炼、慎独等等。

自我教育指导法的运用要注意以下几点要求：

1. 提高学生自我教育的内在需要

一个人只有当他内心具有修养需要时，才能有自我教育，没有这种需要，很难谈得上自我教育。要使自我教育成为学生的内在需要，从这样两方面入手是必要的：一是从榜样人物的高尚品德及社会业绩中展示修养对学生的思想品德形成和发展的意义和作用，使学生在对榜样的敬仰中产生自我教育的内在需求；二是从学生主观动因的分析中揭示他们能够自己教育自己的可能性和必要性，使学生在确信自己能够在教育自己的基础上产生自我教育的内在需求，使学生体验到满足需要的快乐的同时，也能很好地巩固和强化学生自我教育的需要，增强自我教育的自觉性。

2. 帮助学生确立正确的自我教育方向

班主任要善于向学生提出自我教育的尺度和标准，向他们提出自我教育的要求，指明自我努力的方向，并充分挖掘和利用学生自身的长处，不断激励他们进行自我教育的信心和力量。班主任要注意引导学生辨别是非，帮助学生确立和选择正确的自我教育方向。如果只注意使学生产生自我教育的需要而忽视他们自我教育的方向性，就容易使学生产生盲目性甚至误入歧途。班主任要经常分析和研究学生自我教育状况，对缺乏正确自我教育方向的学生应予以耐心疏导，使学生按照社会主义要求自觉进行自我教育。

3. 引导学生进行自我教育的反思

在自我教育的过程中，班主任要引导学生随时进行自觉的反思，消除自我教育过程中的种种障碍。发现问题要及时解决，这是强化自我教育的有效方法。班主任促使学生自我反思最有效的方法是精神激励法。班主任要抓住一切机会表扬好人好事，抓住每项活动后的总结讲评、期末总结、评三好等有利时机，激励学生进行自我反思，向先进人物和先进思想学习，及时克服自己的缺点。同时，班主任还要深入学生中去，研究他们在自我教育中可能出现的障碍，以便防患于未然。对于来自社会、家庭的干扰或由于教育方法的失当而造成的学生的心理障碍，班主任要与学校领导及有关单位联系共同加以解决；对于来自学生自身的生理、心理原因而造成的心理障碍，要对其进行耐心的心理疏导，做到晓之以理，动之以情，以达到师生间的心理相容，使学生提高明辨是非的能力。有时还要针对学生的具体情况，改变教育方法，变换教育角度，这样通常会产生好的效果。如对学生的错误言行，以批评的方式来表达班主任的态度是正常的，但在某种情况下，若能从错误言行中发现某些潜在的或与之相关的积极因素，采用褒扬的教育方式，会取得更好的效果。因为这样做不仅保护了学生的自尊心，而且也为其改正错误指明了方向，创造了机会。

4. 引导学生积极参加社会实践

班主任指导学生自我教育绝不能脱离社会、闭门思过，相反，要引导他们广泛接触社会、积极参加社会活动，到社会主义现代化建设中吸取政治营养，在与先进模范人物的接触中得到教益。

第四节　班主任工作艺术提高途径

许多年轻班主任看到老教师管理班级有条不紊，组织活动丰富多彩，班级工作一切做得都游刃有余，效果显著。而自己带一个班乱一个班，找学生谈一次话生一次气，于是便说：当班主任的能力是天生的，我不是当班主任的材料，还是让我具体地上几堂课算了。我们说，这种认识是不对的。班主任的工作艺术不是天生的，而是慢慢习得的。班主任工作艺术是可以通过学习掌握的。

如果你是一位刚走上工作岗位的年轻教师，领导分配你当一个班的班主任。那么，首先建议你拜师学艺。虚心拜有经验的老班主任为师，静下心来向老班主任学习如何制订班级计划，如何处理学生矛盾，如何组织各种活动。跟着老班主任学，从早跟到晚，把老班主任的一言一行看个仔细，记在心里，晚上再用记日记的办法把老班主任带班经验方法认真记下来，然后仔细揣摩老班主任带班的内在规律。经过一段时间的观察和揣摩，自然内心会有所体会，处理起班级事务来会觉得信心倍增。我们要提醒年轻班主任在向老班主任学习的过程中，不要只一味模仿老班主任的具体做法，而要学会融会贯通，消化吸收，把老班主任的做法转化为自己的能力。

如果你是一位参加工作一段时间的教师，可对带班总是摸不着门路，班主任工作效果不理想。建议认真读几本有关的理论书籍。在读理论书籍的时候，要认真读，认真想，认真记，然后把书中的教育原理、教育方法与自己的教育实践相联系，设计出一套自己的带班计划，然后和一些有经验的优秀班主任讨论、修改，使之完善。然后再拿到教育教学中去加以实践检验。如此反复必有提高。读理论书籍不要只读教育理论书籍，更不能只读班主任工作艺术的书籍，读书的眼界要扩大，读书的范围要拓宽，文学、历史、艺术都要读，学生关心的热点问题班主任也要有所了解。如果这样坚持一段时间，便会发现班会讲话话题多了，思想深刻了，与学生交往自如了。读书对班主任工作能力的提高大有裨益。如果你是一位老教师，班主任工作也积累了一些经验，但想把班主任工作做得更好，建议找一些教育哲学、社会学、社会心理学等方面的书读一读。还可以找一些优秀班主任写的理论著作读一读。我们的许多老班主任缺少的不是专业知识和工作经验，缺少的是边缘学科的知识。如果您在总结经验的基础上，扩大读书广度和深度，您会发现您的眼光更敏锐，更深刻。

第五节　班主任工作艺术的主要类型

一、班主任的语言艺术

教师的语言艺术是教师以完美的语言为手段去提高教育教学质量、培养人才的技能技巧，它除了人类语言艺术的共性外，还具有教师语言艺术的特殊性。语言有两种形式：口头语言和书面语言。教师的职业特点和肩负的伟大使命决定了教师语言运用必须讲究科学性、艺术性。教师语言运用违背客观规范，势必会产生不良后果。教师语言既要运用标准的语言，正确理解语义，又要有丰富的词汇，准确掌握语法；既要准确、鲜明、生动简练地运用口头语言，又要准确、鲜明、生动、简练地运用书面语言；既要掌握外部言语，也要掌握内部言语；不仅如此，而且还要善于运用辅助性的交际工具——体态语。

教师语言范围的广泛性和内容的丰富性决定教师必须注重语言修养，教师的语言修养不是单纯的技巧，而是一个综合功夫。语言是用来表达感情的。一个人说话的方式、音调、语气、音色、高低、节奏的不同，所以表达的感情是不同的。俗话说：言为心声，只要是语言的自然表达，总是表现主体的一定思想感情的。语言学家们认为，语言有正、副之分，正副语言都能表达情感。所谓正语言是指"话"的不同说法，不同的讲话方式，如同事之间称呼不同，表达的感情也不同。比如叫某某同志，或叫某某处长，或叫小某某、老某某……明显表达了称呼人对被称呼人的不同的关系与感情。说话人的表达方式能否被受话人所接受起着非常重要的作用，班主任一定要对此给予重视。

副语言是指说话时的语气、语调和表示肯定、否定等情感的声音以及语助词等的运用。副语言在人交往中能够制造、强化、改变气氛，从而起到加强情感表达的作用。比如"你真能干"这句话，用正常的语气来说，表达的是一种赞赏的意思，可是如果在说话时强调"真"字的发音，把"真"字拉长声音，便带有了一种讽刺的意味。班主任应在副语言的运用上多加注意。一般来说，教师批评学生尽量正话正说，不要让自己的话带有讽刺的味儿，因为，讽刺最容易伤学生的自尊心。

1.加强和提高自身语言艺术的几点基础准备

（1）班主任加强和提高自身的思想理论水平，是加强和提高语言修养的重要基础。教师语言是对教师思想、道德、学识和修养的综合反映。语言的第一要素是语言本身所含的意思，换句话说，首先是说什么，其次是怎样说。提高班主任教师的思想理论水平解决的是这个"说什么"的问题。每天班主任教师都要给学生讲许多话，每一句话都是班主任思想的反应。讲得对不对，对一问题认识水平高不高，都取决于班主任教师的思想理论水平。

（2）加强和提高专业知识水平和文化修养，是加强和提高教师语言修养的重要内容。唐朝大文学家韩愈一句教师"传道、授业、解惑者也"，主宰了中国教育理论1000多年。班主任教师专业知识水平和文化修养决定着班主任在学生心目中的位置。精通本专业知识，并具有深厚文化修养的班主任在学生心目中的位置必定稳定和高大。现代班主任必须拓宽自己的知识面，加强自身修养。以自己的陈旧的知识储备来面对思想活跃、求知欲旺盛的青少年学生是非常困难的。班主任必须注意自己的知识储备的更新和扩充。加强和提高自我专业知识水平和文化修养是班主任提高自我语言修养的重要内容。

（3）不断地丰富词汇，丰富表达不同思想感情的语言方式，认真研究语法规则，是加强提高教师语言修养的重要方法。教师在教育教学过程中如何选择语言表达方式，反映着教师的能力水平。教育艺术首先是观念的表现，其次是教师对偶发事件的反应能力，再次是在短时间里确定有利于学生进步的教师方式，表现了一个人民教师的爱心、责任心和教育艺术。

由于时代的进步，语言在词汇、表达方式方面也发生着巨大的变化，班主任教师必须注意丰富自己的语汇和语言表达方式，以丰富班主任与学生沟通的方式。

2.教师语言艺术的基本构成

教师语言艺术是建立在思想修养和知识智力综合发展的基础上的，因而它是基础，是多层次的、多方面的。有人认为，教师有一张能说会道的巧嘴就够了，这显然是片面的。教师运用语言的艺术性能力，不是天生的，更不是仅仅凭伶牙俐齿、灵感形成的，而是在长期教育、教学实践中，有意识地学习、演练习得的。更何况说话本身不仅是一个人的语言能力的表现，更是文化素质、道德修养以及其他方面修养的综合体现。因此，作为教师，要想纯熟地掌握教师的语言艺术，必须具备坚实的思想、道德、法治、心理学、逻辑学、文学艺术等方面的基础知识。

语言能力分为理解与表达两个方面。就表达方面来说，又可分为文字表达和口头表达两个方面。教师要提高自己的语言表达能力（口头的和文字的），首先应该提高自己的语言的理解力，因为只有深刻准确理解别人的语言，才能学习别人语言，只有不断学习别人的语言，才能提高自己的语言能力。在我们的现实生活中，每个人都在运用汉语读书看报、谈天交流，一辈子都在说在读，但是人与人之间的语言能力却相差很大。有的能成为语言大师，有的只能勉强表情达意而已，原因可能是多方面的，但是其中一个重要的原因可能是每个人对语言的理解（或说对语言的感受）存在差异。人对语言的理解力的差异是人在语言交流过程中的目的差异造成的。一般人在语言交流过程中对语言的表达方法、词语的选择等不怎么注意，只注意交谈时的意思，意思明白了，交流就达到目的了。但是对班主任教师来说，这远远不够。班主任教师应该在日常生活中做一个"语言表达方式"的敏感者，无论是读书看报，还是看电视听广播，不仅仅要注意获取“意思”，而且还要学习“语言方式”，要通过学习别人运用语言中的特点，进一步理解语言的含义。这种习惯是一个养成过程，正像我们在教育中对学生进行的行为习惯养成教育一样，班主任教师应培养自己的这种随时随地学习他人语言表达方式的习惯。

文字表达与口头表达是紧密联系的，正如叶圣陶先生所说：“演说是用口的写作，写作是用笔的演说。”但就写文章和说话这两件事比较，在某种意义上说，说话比写文章更不容易。因为，一是说话应时即发，没有认真从容润色的时间，更没有反复修改的可能；二是说话不但要照顾所说的内容、对象，同时还要照顾说话的声音、语调、语气和姿态。所以，把说话称为一种艺术，一点也不过分。每个教师能否具有运用语言的技能技巧，既很容易又很困难。说它很容易，因为每个人从一出生就生活在一定语言环境之中，生活、学习和工作，时时处处都要运用语言。说它困难，因为语言是一种丰富多彩、变化无穷的体系，人们借助语言所表达的思想也是复杂多样的，所以，要把语言掌握得十分熟练，不经过长期的坚持和艰苦磨炼是达不到的。

3. 班主任语言艺术的基本特征

（1）科学性

科学性是班主任语言艺术的基本特征。这一特征是由教师的工作性质决定的。教师工作包括课堂讲授学科知识、课外组织班级活动、处理学生行为思想问题、家访与学生监护人谈话等内容。无论哪一项活动都离不开科学文化知识，因而，教师语言的内容与其他行业相比，必定是专业性、学术性较强的语言。教师在教育教学过程中如何选择口头语言表达方式，反映着教师能力水平。

（2）针对性

针对性是班主任语言艺术的第二个特征。教师的工作对象是学生，而学生是千差万别的。教师在运用语言技能技巧时，应因地因时因事而易，决不能千篇一律、单调重复。教师语言的针对性是指教师在讲话时针对不同对象，在不同时间、不同地点，选择不同的语言表达方式。教师语言的针对性有如下内容：

针对不同性别的学生，选择不同的语言方式。教师在日常工作中常常发现这样一种现象：当你用同样的话语、同样的语气批评男学生和女学生的时候，男生可能感到不痛不痒，毫不在乎；而女生却感到受不了，心里委屈，甚至哭鼻子。这种现象并不奇怪，男女生的心理承受力是不同的。一般说，男生性格粗犷，说话直率，心理承受力较强；女生性格温和，说话委婉，对外界事物的刺激较敏感，心理承受力较弱。所以教师在言谈话语中稍不注意，女学生就噘起嘴，而教师还不知道为什么。因此教师对男生与女生谈话应该采用不同的语言方式。

针对不同时间、地点，选择不同的语言方式。教师，尤其是班主任教师，经常要与学生进行个别谈话，因此，谈话的时间、地点、场合，对谈话的效果影响是很大的。如果时间地点场合选择不好，有时谈话效果适得其反。一般来说，能不在课上当着全班学生批评的，就不要在课上批评。下课后，找一个僻静的地方推心置腹地谈。能避开其他教师的批评，就不要当着许多教师批评。

针对不同性质的事件，选择不同的语言方式。教师的工作内容是多方面的，上学科课时，宜语言严谨、简练，要注意语言的逻辑性和启发性。班会课，要注意语言的感召力和鼓动性。课下，与学生谈天，要注意语言的亲切，学生犯了错误，性质严重的，教师与之谈话时，要有震慑力；学生所犯错误属无意或无关大局，教师点到而已，留有余地，让学生思考，自己改正。针对性是教师语言的一个显著特征。许多班主任老师语言缺乏艺术性，常常是因为不注意语言的针对性造成的。

（3）激励性

激励性是班主任语言的第三个特征。教师语言，尤其是班主任语言，必须具有非常强的感召力。最佳效果是，号召时，要让学生听了之后，精神振奋，干劲倍增；抒情时，要让学生听了如沐春风，心旷神怡；点拨时，要让学生低头沉思。教师语言的感召力是教师语言追求的一个较高的境界，需要长时间的修养、演练和学习。有的老师认为自己天生不善于讲话，不可能达到这样的效果。每个人的讲话先天素质是不一样的，比如有的老师天性活泼，讲话时充满感情，具有较好的先天条件；有的老师天性腼腆，性格内向，讲话音低量小，在讲话方面先天素质较弱。但是，这不是决定讲话有没有激励效果的条件。讲话声音大，并不见得有激励性；讲话声音小，并不见得没有鼓动效果。关于教师讲话的激励性，有一个最低标准，那就是在教育教学过程中多用激励性的语言，如"很好""真棒""有进步""能行""再努力一把定会取得更好的成绩"等，少用消极性的语言，如"你真笨""真没用""你算完了，就这个样子了"等语言。有时看起来是一句话，但有时会像一根毒刺一样深深扎在学生的心上，会把学生一生的勇气泄光。这样的教育是失败的教育，这样的语言是失败的语言。

4. 班主任语言艺术规律

（1）情在言先

没有情感的语言是干瘪的。情感是语言表达过程中的乘号，语言中充满情感，会使语言的感染力成倍地增加。"三八节"这天，一位女教师走进教室，学生们突然把一盆盛开的鲜花捧到她的面前，向她祝贺节日。这位女教师当时没有发表长篇大论的感谢讲话。只是激动地说了一句："这花真美，可在我心中，最美的是我的学生"。同学们用经久不息的掌声回答了她那激动人心的话语。

真诚是人类情感中的真金。真情是班主任语言最基本的特色。与青少年学生交往，做青少年的思想工作，最重要的是要有真情，人们最容易接受的是真情，人们最反感的是虚伪。成人如此，青少年更是如此。如果说有所欠缺我们的思想教育，我们认为，缺少的首先是真情。现在社会上流行讲套话，说假话，说言不由衷的话，我们的一些班主任不免也沾上了这样的毛病，应该坚持改掉。

（2）理在言中

中国有句俗语"有理走遍天下，无理寸步难行"，这句俗语是说"理"有非常大的力量。有这样一个例子。某校一个高中男生拿着自己的日记给班主任看，班主任看过之后，大吃一惊，原来他遇到了最头痛的问题：这个男生早恋了，并且是恋得死去活来。这位班主任读了学生的日记，首先产生的思想活动是感动，十分感动。要知道一个学生把自己隐私的东西拿给班主任看，这需要付出多大的勇气，对班主任抱着多大的信任啊！感动之余，这位班主任也意识到了问题的严重性。但是他并没有马上找这位男生来做思想工作，而是等待能够把早恋危害说透的时机。契机终于来了。几天后这个班在一条大河边劳动，他（早恋者）看着河水说："我从这儿丢下一片木片，它能漂到海里吗？"老师说："可能吧，因为它总不停地向前漂去"。接着老师对他谈起自己第一次见到黄河的感受。听着老师的话，这位男生产生了共鸣，最后对老师说："黄河两岸生活过的人难以计数，可真正留下姓名的人太少了。老师，您看我能做出一番事业，留下姓名吗？"老师趁机说："我看不行！"学生愣住了。老师接着说："一个成就伟大事业的人，就得把全部的身心精力投入到追求的事业上。尤其一个人在青春年少之时，更要创造光辉的人生前景。就像你丢下去的木片，本来可以顺着黄河流入大海，可中间被什么东西挡住了，搁浅了，它就永远看不到海上日出的壮丽景象了。"学生这时心领神会地笑了。可他低头沉思后突然又问："难道伟大人物就不恋爱结婚？马克思、傅雷不都是早恋吗？"这一下问题明朗了。这个老师想了想说："伟大人物也是要恋爱结婚的，但只想恋爱结婚的人显然成不了伟大人物。如果这与他们追求的伟大目标相冲突，他们一定能够战胜自己，处理好这一矛盾的。反过来说，能克制感情的盲目冲动，恰是伟人的素质之一。"学生心悦诚服地点点头。

　　这是一次非常成功的谈话，因为谈话中班主任没有武断地训斥，也没有不分青红皂白地批评，而是以"理"打通学生的思想，使这名男生沿着"理"的道路重新找回了自我的位置，又回到正确的轨道上来。这一番谈话产生了巨大的效果，因为，这一位班主任教师把道理说得透，讲得清。班主任用道理解开了学生心中的"死疙瘩"，自然会取得好效果。

　　许多班主任在实际工作中忘记了这个教育原理，在实际工作中，不通情理，不讲道理，只会发脾气。动不动就是请家长，动不动就把矛盾上交校长。学生口服心不服，表面服从，而内心逆反。

　　（3）意在言后

　　班主任语言技巧第三个境界应该是语言结束而意不结束，即所谓"余音袅袅，绕梁三日"的效果。有一位年轻班主任老师在学生14岁生日这一天精心准备了一篇发言，他说：今天我非常高兴，因为你们今天告别了幼稚的儿童期，迈入了青春的门槛，你们长大了。你们不再是嗷嗷待哺的小鸟，而是展翅高飞的雄鹰，你们不再是羽毛未丰的小鸡，而是美丽的孔雀……

　　一席话说得学生群情振奋，壮志昂扬。班会之后，许多学生写下了自己第一篇青春日记。我们说，这样的讲话就是意在言后，能在一段时间里起作用。

　　（4）春雨无声

　　唐代伟大诗人杜甫一首"好雨知时节，当春乃发生，随风潜入夜，润物细无声"经常被我们的班主任老师引用来说明班主任语言的渗透艺术，我认为非常贴切。我们大都有过雨中春游的经历，细细的春雨，柔柔的春风，说是雨又像雾，说是雾又分明听到了雨声。班主任的语言应该像春雨，润物无声。

（5）夏雷发聩

我们说班主任的语言要"春雨润物"，只是说班主任教育教学语言的其中一个方面；但并不排斥或完全反对班主任振聋发聩的语言表达。因为，在有些情况下，"春雨"是不管用的。比如，男生殴斗，如果这时还是和风细雨，春风拂面，和蔼可亲，那么很可能"你说你的，我斗我的"，最后也许会闹出大事。遇到非常事件，班主任的语言就应该像夏雷般让人警醒。夏雷似的语言可以使学生认识到问题的严重性。当然，"夏雷"语言不是大声咆哮，更不是泼妇骂街，而是理智控制下的奔腾骏马，是非常情状下的理智表现。"夏雷"的方式主要是指班主任的态度，而不是指用词，不能讽刺，更不能伤学生的自尊。这一点班主任必须注意。

（6）沉默是金

沉默的意思有时是赞许，有时是反对；有时是同情，有时是厌恶；有时是爱，有时是恨；有时沉默表示和解，有时沉默预示着爆发……沉默是有声语言的无声的延伸。沉默是一种无声的语言。现代人际交往心理家研究表明：在双方交往过程中，尤其是在争论的场合，如果甲方适时地沉默不语，让乙方唱独角戏，乙方会因从甲方得不到任何信息而胡猜乱想，甚至惊慌失措，乙方最后会被甲方的沉默所慑服，从而服从于甲方的意志。班主任一旦发现学生犯有比较严重的错误，而又一时弄不清情况的时候，为了使学生及时认识错误行为，可以适当地运用上述原理。如班主任发现个别学生有偷盗或打架等恶劣行为时，可以在学生面前保持一种稳重严肃的沉默的态度，学生会在教师的沉默中感到一种力量，从而自觉主动地把问题说出来。

班主任在批评和劝诫学生时，经常把学生说得一无是处，指责其无知、无能、无理，这种批评容易伤学生的自尊心。因此，班主任应该在不伤害学生的原则下批评学生。有时沉默可能是一种更有效的批评。一位班主任在期末考试时发现一位学生作弊，这位教师的眼光与学生的眼光一碰撞，一句话也没有说，只是摇摇头。课后，也没有说一句批评的话。但是，这位学生，在周记里向老师承认了错误，所以适时的沉默是一种无形的教育力量。

（7）幽默的力量

幽默是语言批评方式的一种软着陆，它以笑声代替批评，以诙谐化解尴尬。幽默首先创造的是一种和谐的气氛，在这种气氛中，被批评者不失面子，又接受了批评，是一种非常有效的教育方式。一位诗人说："教育家最主要的，也是第一位助手是幽默。"许多班主任教师体会到了幽默语言的教育力量，所以在教育中经常运用幽默的语言对学生进行教育，收到了较好的效果。早晨，有同学迟到，会说："你家的表是不是该擦油泥了？"学生说"我们家的表是新买的"。教师说："那就是你的大脑该擦油泥了"。全班同学都笑了。气氛活跃了，班主任抓住教育时机，接着说："上课晚两分钟不要紧，我们可以等等你，或者课下补补课，最多挨老师几句批评。可是你们要知道社会、人生不会等我们的，机会是不会补的。我们应该养成守时的好习惯。抓紧时间就是抓紧生命。抓紧了时间就是抓紧了金钱啊"。同学们再一次笑了，这笑声中有理解，有进步。几句幽默的话，调节了班级气氛，一天的课上得轻松高效。当然幽默不是要贫嘴，不是油腔滑调。这一点一定要注意。

二、班主任体态语艺术

人的内心世界是看不到的，但人的内心世界又是可以觉察到的。说人的内心世界看不到，是因为人的心理、思想隐藏在人的大脑中，看不到，摸不着；说人的内心世界可以觉察到，是因为人的心理、思想总要通过言语、行动表现出来，而为人所觉察。人说话当然能表达人的思想、感情、情绪，可是当人沉默不语的时候，人的喜、怒、哀、乐、爱、恶、欲的情绪与情感，都可以通过脸部、身体、双手的表情显现出来，人们把这种表情叫作体态语。因此，班主任老师不可不对体态语做一些研究。所谓体态语言，是指人带有一定情感色彩、能够传递一定信息、表示一定态度的、在人的交际过程中所呈现出来的非有声语言表现。这种特定的身体态势既可以支持、修饰或者否定言语行为；又可以部分地代替言语行为，发挥独立的表达功能，同时又能表达言语行为难以表达的感情和态度。体态语言在人的社会交往中形成了其约定俗成的一面，比如，摇头，表示否定与不同意；皱眉说明反感与讨厌；坐跷二郎腿常常表示随意或傲慢等。同时又因交际场合、个人性格特点等不同而具有灵活多变的一面。比如，脸红常态下表露的是人的害羞，而在一个学生说谎时，脸红又表示该学生心虚和害怕的内在心理。在很多特定的情境下，体态语可以起到代替言语的作用，甚至达到比言语更有力的效果。例如，班主任教师在上课时，看到学生在下面搞小动作，这时班主任可以有三种不同的处理方法可供选择：一是停下讲课，大声批评；二是假装没看见，听之任之；三是若无其事地走到该学生座位前，一边讲课一边用手轻轻拍拍学生的肩，从而制止了学生的小动作，使其专心听讲，同时又没有打乱课堂的教学进程。班主任用动作代替了口头批评，不费口舌不动声色不影响教学，真可谓"经济实惠"的教育方式，这就是体态语言的妙处。近年来，国内外许多研究者对体态语言表达系统进行研究。体态语言表达系统大致由三部分构成：第一部分是言语者身体的动作及态势（包括面部、上肢、躯干、下肢）；第二部分是副体态语表达系统。副体态语表达系统是指言语者穿着服饰、发型打扮等能给人一定感觉信息的附加物。第三是言语者的空间语言表达系统。所谓空间语言表达系统，是指人在交际过程中所主动选择，或被动选择的空间位置。空间语言表达系统也能传达重要的信息。比如班主任教师看到教室混乱，便无声地站在教室门口。学生们看到教师这样，慢慢地停止了说话，安静下来。这便是班主任教师的空间语言表达系统起的作用。据体态语专家伯德惠斯特尔研究，面部表情有两万五千种之多。法国作家罗曼·罗兰说："面部表情是多少世纪培养成功的'语言'，比嘴里讲的语言更复杂到千百倍的'语言'。"

1. 体态语的特点

（1）辅助性

这一特点是不言而喻的。体态语只是支持、辅助有声语言，加强有声语言的力度，增强有声语言的表达效果。换句话说，体态语言经常是伴随有声语言而起作用的。国外一些研究者提出了一个交际效果公式：交流的总效果 =7% 的有声语言 +38% 音调

+55%的面部表情。还有人研究，认为一个人每天平均只用10分钟的时间讲话，平均每句话占2.5秒钟，人在面对面交流中，有声部分低于35%，而65%的交际信号是无声的。这些数字我们认为只是研究体态语时的一个参考，但是有一个道理是明显的，体态语言在交际中的辅助性并不说明体态语的无足轻重，虽然体态语是辅助的，但它的作用却是不可替代的。这一点可以从在家看剧本或听话剧录音和到剧院看话剧的不同效果来证明。有人说，我们永远无法从印在纸上的演说词来认识一个演说家是为什么成功的。有时印在纸上的演说词可能是平淡无奇的，但当时确实得到很大的成功。他的演说并不全是他口中说出的语言，实际上包括他展现在听众面前的整个体态，包括他说话时的声调、手势、面部表情等。这一特点在班主任工作及其他科任教师的教学教育活动中体现出来。同一堂课、同样的内容，有的教师讲课学生喜欢，有的教师讲课学生睡觉，其中很重要的原因就是教师体态语言艺术的运用。

（2）习惯性

人的体态语言的习惯性很容易理解，因为你不用准备体态语言（当然服饰除外）。上课前，你要备课，但却没有必要设计你的手势和微笑。有人说，演说家在演讲前要练习手势、动作。我们说，那他是表演。反过来，人体的体态语言又是可以通过练习来改变的。比如有的学生一着急就咬手指头，表示他的烦躁不安。这是一个习惯性的体态语言。这个习惯性的体态语言是可以通过对自己的要求而改变的。又比如，有的教师在与学生讲话时喜欢用手指指点学生，引起学生的反感，对沟通师生感情非常不利，这位教师通过自己的努力改正了这个毛病。

（3）真实性

社会是复杂的，而语言是对复杂社会的反映，在长期的社会利益争斗中造成了语言的欺骗性和隐蔽性。而体态语言较之口头语具有更大的真实性。这一特点是由体态语言的习惯性决定的。人的体态语言是人的内心意识与潜意识的一种反映，人的内心情绪或感情的变化常常会在体态上有所反映。人随着年龄的增长，体态语言也会逐渐变得越来越隐蔽。例如一个幼儿或低年级小学生说谎时，会毫无顾忌地用手捂嘴；而当一个初中生说谎时，有的用手轻轻触摸一下嘴角；而当一个成人说谎时，几乎看不出什么体态的变化。无论随着年龄的增加使体态语言变得如何隐蔽，想要百分之百地掩盖内心的真实情感是非常困难的。国外有一种"MMEs"的说法，意思是"细小短暂表情"。这种表情表露时间非常之短，在这短暂的时间里一个人的思想和表情有一搭接现象，会从面部表情流露出来。一位经验丰富的班主任老师会从学生的这短暂的表情中探得学生心中的秘密。

（4）差异性

从社会学角度讲，体态语言的差异性是由于不同国家民族的发展背景造成的。例如，美国人耸肩表达遗憾；中国人以拍肩表示友好等体态习惯。从个体角度看，人与人的体态语言是由于不同的生活背景造成的。比如，一年级小孩子刚入学，班主任教师会发现非常不同的行为习惯，有的低头顺目，有的趾高气扬；有的慢声细语，有的高声吵闹；有的跑跑跳跳，有的静坐不语……这些常常反映学生的不同的家庭背景。

班主任教师应仔细注意这些细小的表现，并同其他教育信息结合起来，为制订个别教育策略所用。一所小学里，老师每次提问，一个同学总是举手，可是当老师真正让他回答的时候，他却答不上来。老师问他为什么不会还举手，他说：如果老师提问时他不举手，同学会在课下时叫他傻瓜。于是，老师就和他约定，当他真会的时候就高高地举起左手，不会的时候就举起右手。渐渐地，这名同学越来越多地举起骄傲的左手，越来越多、越来越好地回答老师的课堂提问。

2. 班主任体态语的特点

（1）教育性

教师的体态语言的第一特点是它的教育性，这一点是教师这一职业特点所决定的。所谓"学高为师，身正为范"讲的就是这个道理。教师在讲台前一站，几十双眼睛便紧紧盯住了你。这一点很像舞台上的聚光灯，班主任教师是讲台的主角，学生不仅仅在看你，而且在品评你，而且在品评之后，学生对你或认可，或反感。班主任教师必须注意自己的体态语言，无论是举手投足，还是一颦一笑；无论是发型装饰，还是衣着打扮，均在学生目光"射程"之内。由于班主任教师的这一职业特点，班主任必须注意自己的体态语言的教育性。有些班主任在这方面不太注意，上课时，有时手挖鼻孔，有时伸手挠痒，有时斜靠讲台……这些不良的体态语言，不但会引起学生的反感，而且还会降低教学教育效果。班主任教师应注意自己体态语言的教育性（示范性）。

（2）有意性

一般人，体态语具有相当大的随意性。例如见了熟人，面部会很习惯地、随意地露出笑容；见了自己讨厌的人，会转过身，或不自觉地把笑容收起；与人交谈打手势也很随便，这些体态语一般没有经过设计，是自然而然的。班主任教师则不然，班主任在教学中始终处于学生的视线之内，他的一举一动无不收入学生的眼底，给教学教育带来积极或消极的影响。因此，教师对自己的体态语应该加以控制。有人曾做过这样一个实验：指定某学校的两位能力相当的青年教师甲乙二人，同时给每人一篇同样的文章，要求两人熟记成诵。然后，单独通知甲两天后演讲，而没有通知乙。两天后，甲乙二人分别给师范大学的学生演讲。虽然两人都准备好文章内容，但因为甲事先做了准备，设计了体态语，而乙没有做这项准备，因此两人的讲演效果大不一样。甲演讲时体态调控从容，和谐自然，获得了成功。而乙演讲中，缺少手势，单调呆板，而且出现了一些消极的体态语，如翻眼看天花板，引得学生发笑。最后统计结果：甲运用得体的手势共9次，消极体态语2次；乙出现消极体态语6次，积极体态语3次。这个实验说明，体态语在有所准备的条件下是可以控制的，有所控制的体态语会收到比较好的交际效果。班主任教师对自己的体态语应该给予有意控制。

班主任教师在日常教育教学活动中，应该注意学生对自己的行为举止的反应，根据学生的反应来调控自己的不良体态语；学习其他优秀班主任的体态语。当然这种学习并不是机械的模仿，因为机械的模仿往往造成适得其反的效果。我们说的学习是把优秀班主任教师在教学教育中的体态语与自己的体态语加以比较，找出自己体态语的缺点，从而加以控制。在班会课、年终总结课等重要活动前，对体态语进行有意的准备。

根据活动内容，对自己的体态语做重点的设计练习。在这里我们要指出的是有所准备并不是造作的表演。我们应该记住，自然大方的举止是最得体的体态语。

3.班主任老师体态语的分类

我们认为教师体态语的分类由于视角不同，所以分类也不同。比如，从效果可分为：积极体态语、消极体态语、中性体态语；从体态语的发生种类分，可分为：无意识体态性、有意识体态语；从体态语的形态分，可分为：象征性体态语、说明性体态语、表露性体态语、适应性体态语、体调性体态语。我们认为，以上几种体态语的分类都有一定的道理，但是对第一线的班主任教师来说，学习理解稍嫌烦琐。根据教育教学中经常自觉不自觉运用的体态语进行分类，并给予简要论述。

（1）上肢体态语

人类的手在人一生的活动中发挥着巨大的作用。在人体的各部位中，手指的运用也许是最为频繁的。据统计，人一生至少要伸屈手指 2500 万次（《人体秘语》，昆仑出版社）。可以说世界上所有的创造最终的实现都少不了手指的作用，例如音乐、绘画、诗歌、建筑等。除了板书、批阅作业之外，教师的手指的体态语也起着辅助作用，教师应该研究提高手指在教育教学中的辅助作用。

拇指手势语（跷大拇指）。这是人在社会交际中经常运用的一个肯定性的体态语，它的含义是肯定与赞扬。多用来肯定、赞扬学生思想品德方面或学习活动中的突出表现。许多班主任老师很少用跷大拇指来表示自己对学生的鼓励与肯定，除了这种体态语是表示非常强烈的赞扬的原因之外，我们的教师在赞扬学生方面也比较吝啬。我们的许多班主任老师喜欢批评学生，而不喜欢表扬学生。学生的"嘉言善行"在许多老师眼里好像是微不足道的，或者老师赞扬的话一字千金舍不得用。我们认为，表扬比起批评来副作用要小得多。当学生取得成绩的时候，老师给予口头表扬，同时竖起大拇指，跷大拇指的动作需要与面部表情密切配合，若面部表情是真诚、惊喜、满意，那么跷大拇指是表示赞扬；反之，面部表情是不屑、冷漠或无动于衷，会适得其反。

食指手势语。食指是五指中非常重要的手指，人类的许多创造性活动多以它为中心来完成。班主任教师应注意正确适当运用食指来加强教育教学效果。最常运用的是静止性食指体态语。食指靠近嘴唇并与嘴唇交叉成十字，表示"请安静""不要出声"的意思。这一手势，经常被用来组织课堂教学秩序。比如，教师叫几名同学到黑板上做练习题，下面的学生发现了错误，便开始小声议论起来，这时教师最恰当的制止学生议论以免干扰上面学生思维的手势，莫过于这个手势，这个手势表示教师的一种善意友好的制止，学生一般是会接受的。另外，用食指轻点学生额头，同时说出赞美的话，表示一种亲昵和喜爱。食指手势语，有时也会被教师误用。比如，课堂上叫某学生回答问题，有的教师喜欢用食指一点。这种食指手势是不适宜的，我们建议与其用手指指，不如手心向上平伸出去指向被你邀请的学生，同时说："请你来回答好吗？"这样的手势语，学生会感到老师对自己的尊重。

手掌体态语。手掌各种态势在教育教学中有着非常重要的作用，经常被用来辅助教育教学活动。最常用的是鼓掌。鼓掌是一种积极的体态信号，鼓掌的含意是"赞许、肯定"。教师运用鼓掌表示对学生的赞许时，往往是想鼓励全体学生一同鼓掌，对某一学生给予鼓励与赞扬。有时，教师在鼓掌时还用语言号召学生一同鼓掌："来，大家为他鼓掌"。在教师的号召示范下，学生自然而然地鼓起掌来，从而形成浓郁的激励团结集体氛围，产生巨大的激励效应。当教师把掌声献给学习较差或性格内向学生的时候，会更强烈地激发起他们的自信心，唤起他们主动参与集体活动的意识。班主任教师要注意掌声不要仅仅献给取得好成绩的学生，对在关键时候遭到失败的学生，班主任老师要找出适当的理由，让全班学生给予掌声鼓励。鼓掌这一体态语与其他体态语有所不同的是，它伴有声音，而且这种声音与赞扬肯定的程度有关，掌声越响，节奏感越强，它所表示的鼓励和赞扬的情绪越强烈。鼓掌有时没有赞扬与鼓励的含义，而只是制造一种气氛，主要用来组织学生唱歌时，以拍掌来增强歌唱的节奏。注意用作节奏的鼓掌，必须与乐曲的节拍相和，掌声要响亮。掌声有时还被用来表示提醒的意思。例如，分小组的讨论结束时，班主任老师可先鼓几下掌，当学生的讨论停下来时，教师可以宣布分组讨论结束。总之，鼓掌是一种积极的体态语，运用适时适当会给教育教学带来非常好的效果。

　　双臂体态语。在上肢体态语中，双臂的体态是其他体态语的基础，无论是拇指，还是食指，还是手掌都是在双臂位置变化的基础上进行的，换句话说，双臂的体态语所传达的信息是在其他体态语的辅助下发生的。我们在这里单独提出双臂体态语进行讨论是因为双臂体态有时会表露教师的一些心理变化，从而对教育教学活动产生一些影响。

　　双臂倒背。最常见到的是双臂倒背，这一体态所传达的是一种自信，一种权威显示信号。我们发现有此习惯的人常常是那些有地位、有身份的人。如果你留意，你会发现执勤的警察、在士兵面前的军官都喜欢将手背于身后。有关研究显示，双臂倒背不但可以作为一种权威显示，而且还能起到"镇定"的作用，也就是说，当人们处于极度紧张或焦躁不安状况时，双臂背后可以缓解紧张情绪。双臂倒背于后给人的感觉是坦然自若，不慌不忙。据观察，在教师中较普遍存在倒背双臂的习惯，年老教师比年轻教师使用的频率高，男教师比女教师使用的频率高，教师在对学生不满或批评学生时经常倒背双臂。倒背双臂会让学生感觉教师的威严。因此，教师在一些适当的场合，比如监考、巡视学生做课堂作业时可以适当采取这种体态。但是在一些场合教师不应采取这种体态，比如和学生个别谈话时，不应把双臂倒背起来，因为这样做会给学生一种高高在上、盛气凌人的感觉，学生心理上会生产一种压力，从而妨碍师生间的情感交流。

　　双臂交叉于胸前。双臂交叉于胸前这种体态传达的人的内心情绪比较复杂。我们在日常生活中发现在参与同自己关系不大的事件的时候，人有时双臂抱肩；对某件事感到无所谓时，人们有时双臂抱肩；而悠闲自得时，人们有时也喜欢两臂抱肩。美国一位体态研究者曾做过一次小实验：在一次会议上，他故意诬蔑听众所熟知和佩服的几位名人。他的这种讲话持续了一段时间，突然停止下来，并要求听众不要动，保持他们刚才的体态。结果发现：90%的人保持双臂交叉于胸前的姿势。可见，当人对于某件事情不以为然，或是有不同意见时，喜欢采取双臂抱肩的体态。中国体态语研究人员曾做过一个实验：要求某校高二学生在听课时双臂交叉于胸前。学生以这种体态上了不同教师的两堂课。结果一位老教师在讲课时表现得无精打采，一位年轻教师表现得紧张而不知所措。老教师说，学生像一个旁观者，我讲得没有劲，不提情绪。年轻教师说，学生似乎很漠视教师，好像是在审视教师的讲课而不是在学习，让我感到一种无形的压力。

通过以上的实验和我们实践生活的感觉，我们可以断定，双臂抱肩（双臂交叉于胸前）对教师来说是一种消极性体态语，在教师教学教育活动中不宜使用。尤其是当教师与学生之间发生不快的时候，这种体态尤其不宜，因为这时双臂抱肩会给学生一种压力或蔑视的感觉，不利于师生间的感情沟通与交流。

双手叉腰。双手叉腰是手部体态还是双臂体态说不清，它所传达的信息也不是单一的，有时是讲话者对听众的威慑，有时只是讲话者对某一事件的威慑态度，而不指向听众。总之，这种体态是一种富于进攻性的体态，给人的感觉是咄咄逼人的气势。班主任教师在生气时或是批评学生时喜欢采取此体态。所以，我们建议当教师的讲话是直接针对学生时，最好不要采取这种体态，因为这种体态容易造成对其心理的伤害。但是，当教师的讲话是针对令人气愤的第三者的时候，这种体态会有助于教师感情的表达。例如，谈到社会上某种丑恶现象，讲到激昂时，不妨采用这种体态，并辅助其他体态，以增强讲话的感染力。

双手插兜。把一只手或双手插入口袋。对教师来说，这是一种消极性体态。这种体态给人的印象是随意。如果双手插兜的同时，其他体态同时表现出无精打采的话，那么，总的印象将不是随意，而是懒散了。所以，教师在教育教学活动中应尽量避免使用这种体态。

双手撑桌。将双臂支撑在讲台上。我们认为这是一种中性体态，它传达的信息可能是讲话者体力上的疲倦。它不具有进攻性，也不具有威慑性，但它给人的感觉不是振奋，而是低迷。如果教师在教学教育过程中长时间采取这种体态，学生会变得无精打采。所以教师应该尽量避免长时间采取这种体态。

（2）头部体态语

头部是人表情达意的最丰富最细致的部分。眼睛、嘴、眉毛都集中于头部。美国作家爱默生说："人的眼睛和舌头所说的话语一样多，不需要字典，却能从眼睛的语言中了解整个世界。"苏联作家费定说："啊，眼睛，远比烦琐不足道的语言来得丰富"。

眼睛情感表达方式。眼睛是心灵的窗户，目光是情感的桥梁。眼睛是人体最灵活多变的器官。据有关专家研究，外界的信息约有80%是通过眼睛获得的。目光是重要的情感传递中介，由于眼睛的重要，我们首先谈谈眼睛在教师教育教学活动中表情达意方式与功能。

微笑。微笑并不是仅仅通过眼睛就能完成的，但是我们认为，真诚的微笑体现在眼睛里。我们在研究过程中发现，许多教师失去了微笑能力。有时我们听一天课，没有见到班主任老师一丝笑容，课堂里像阴沉的天空，压抑憋闷，学生失去了活力，教师失去了生机。在社会交往中，微笑是最佳的选择；在教师教育教学过程中，微笑同样是最佳的方式。我们提倡真诚的微笑，我们提倡会心的微笑，我们提倡理解的微笑，我们提倡宽容的微笑，我们提倡鼓励的微笑……微笑可以几乎应用到任何教育场合而不出错，只要你的微笑是真诚的，善意的。我们建议，每一位教师每一天微笑着站在教室的门口，我们建议每一位教师微笑着说出每一天的第一句话……当学生犯了错误，我们建议，先不要发火，而是微笑着对学生说："你来想一想这样做对不对"。当我们微笑着开始一天的教育工作的时候，我们会发现一天的工作变得舒畅了。

注视。将目光较长时间地固定于某人或某物。注视辅以不同的视线、视角或不同的表情，可以表达不同的情感。严肃的表情、低缓的语调，加上不动声色的注视，会让学生感到一种威严，比较调皮的学生会慢慢收敛放纵，教师这时再给予语言的说服教育开导，自然而然会收到较好的教育效果。亲切的态度、和蔼的面容，加上鼓励的注视，会让学生感到温暖，对课堂上回答不出问题的学生，会调动起学生的自信和勇气，从而使他们会静下心来深入思考，打通思路，提高学习效率。亲切的注视是一种鼓励，是一种鞭策。教师要有耐心，要相信学生。

环视。目光在讲话对象范围内做较大的范围的扫描。这是一种在教学教育活动中重要的眼势语，是一种无声的组织教学手段。环视时教师的面部表情应显得自然、灵活、亲切，像春风拂面，使烦躁的变得安静，使萎靡的变得振奋，使自卑的变得自信。环视的运用一般在教室内，面向全体学生授课时；在教室外，多用于排队集合、开会等集体活动。

其作用有以下两个方面：一是借助环视，以发现哪位学生能够回答，因为，题目比较难，学生对自己的答案拿不准是对是错而不敢举手时，面部表情是犹豫的，这时教师给予鼓励，他也许能大胆举手回答；二是借助环视以鼓励每一个学生开动脑筋，积极思考。这时的环视，目光应饱含鼓励与期待，在重点学生身上可以稍停片刻，给予鼓励，效果较好。

三、班主任班级常规管理艺术

班级是学校开展教育活动，传授科学文化知识的基本单位。班主任通过组织和领导班集体，协调任课教师与学生的关系来做好对全班学生的教育教学工作。

1. 班级日常管理的内容

班级教学常规管理（教育正常秩序、新学期学生座位的安排、自习课、考试纪律、考勤、请假制度等管理内容）；班级各项建设（班干部队伍建设、班级小图书馆组织、黑板报小组组织、教室布置等）；了解并研究学生（班级日记、班史编写、周记检查、学生档案建设等）；学生卫生保健（卫生习惯培养与检查、常见病的预防、学生身检等）;班级总结评比（年级操行评定、评选三好学生、班级奖惩等);假期生活管理（校外学习小组组织、假期作业布置及检查、学生联络网的组织等）。班主任班级日常管理工作是项琐碎的工作，同时又是一项艰巨的工作，是一门科学，又是一门艺术。班级日常管理有自己的客观规律，同时又千变万化。班主任不应满足于按常规办事，而应发挥工作中的独创性，以顺应课改的新形势，创造出更多的班级日常管理的新办法、新经验，灵活地管理自己的班级。

2.班干部选拔任用艺术

班干部的选拔和任用是班集体管理的第一步，没有班干部，班主任就只是光杆司令，班级是管理不好的。所以说对于班主任工作来说班干部的选拔和任用是非常重要的，这个工作做得好，后来的工作会得心应手。这项工作做不好，后来的工作会磕磕绊绊，事倍功半。班主任必须重视班干部的选拔任用工作。

（1）干部民主选举法。现在的许多班级干部的选拔任用是通过全班学生民主选举来实现的。这是一种好办法，尤其是对高年级学生，更是如此。但是，班干部的民主选举，并不是班主任老师完全放手不管，而是尽到责任，做好组织引导工作。班主任接手一个新班更应该做好选举前的组织动员工作。

（2）轮流执政法。这也是班干部管理的一种办法。具体做法是，班里的所有成员按事先定好的期限轮流担任班干部。这种办法可以调动全班学生的积极性，锻炼每一位学生的工作能力。但此办法也有弊端，就是组织不好，干部搭配不稳定，容易造成班级的混乱。

3.违规违纪处罚艺术

处罚是不可缺少的教育手段。没有处罚的教育可以说不是完整的教育。处罚不是目的，而是手段。处罚的目的是告诉学生这样做是错的，警醒学生以后不再犯同样的错误，如果处罚达到了这样的目的就说明是成功的。在这里要指出的是现在我们的许多班主任处罚不当，或者说是处罚失当，体罚现象时有发生，这是每一位班主任必须避免的。处罚手段是班务管理的一种方式，运用得好，有利于班集体建设；运用不好，不仅达不到正向教育效果，还会产生副作用。所以，运用处罚手段应注意以下几条原则：

（1）适度原则。学生犯了错误，班主任要根据所犯错误的性质、程度、影响及自己认识情况，对照学校有关违规违纪处罚条文，给予适度的处罚。如果"量刑"太重，当事学生不服，则容易产生逆反抵触心理；如果"量刑"太轻，则起不到教育当事人的作用，又起不到警示的效果。适度原则同时有另一层含意，是说处罚手段不能滥用。如果班主任动不动就处罚学生，搞得学生人人自危，个个害怕，班级成了"劳改所"，久而久之，处罚就失去了效力，班主任也失去了威信，班级不但管理不好，而且迟早会"天下大乱"。

（2）及时原则。这条原则含意是，学生犯了错误，班级发生了问题，班主任必须及时处理。因为，学生犯错误后，心里惴惴不安，比较紧张，在等待着老师的处理。这时班主任老师如果及时给予正确处理，容易收到较好的教育效果，同时也能使"事态"得到及时控制，不至于蔓延开去。如果学生犯错误之后，班主任不及时处理，反而是拖了很长时间不表态，不"结案"，学生会认为班主任无能，没有办法。如果班主任过了很长时间再处理，那么导致学生对自己所犯错误记忆淡漠，处理也就起不到教育作用了。

（3）公正原则。班主任对犯了错误的学生进行处罚时，一定要坚持公正原则，对班里每一位学生，一视同仁，切忌偏心。如果处罚不公正，"看人下菜碟"，降低了班主任的威信，损害了班规的权威，班级管理势必将受到很大的影响。

（4）情感原则。处罚是一种强制性的惩戒手段，但不排除情感的作用。班主任在对学生进行处罚前，一定要讲清处罚的根据；处罚后，还要做好思想工作，多找被处罚学生谈心开导，使被处罚的学生从心里感到被在乎，相信老师是爱护自己才处罚自己的。

不管何种形式的处罚，都必须以爱护受教育者、唤起被教育者的自知为目的。如果违背了这一点，任何形式的处罚都是不足取的。那种伤害学生自尊、不利于学生身心健康的处罚方式必须坚决摈弃。

4. 班主任赞美表扬艺术

表扬是教育的最主要的、也是最有效的手段。表扬的目的是把它作为一种积极的强化手段，对学生良好的思想行为给予肯定。恰当适时的表扬不但可以使学生看到自己的长处和优点，激励其进取和收获自信，而且还会对其他学生的思想行为起导向作用。但是许多班主任教师对学生的表扬太少，好像教师的话一字千金，轻易不出口。还有一些教师表扬手法单调，没有达到最佳效果。我们认为班主任不要吝啬自己的"赞美"与"表扬"，学生有了进步，不妨表扬；与以前相比，学习成绩有所进步，也可以表扬。表扬是学生进步的阶梯，学生会踏着表扬的阶梯不断进步。

表扬应实事求是。班主任对学生的表扬，既不能夸大，也不要缩小，必须实事求是，分寸适度，真实可信。表扬应该把握时机。班主任要做学生的贴心人，工作上的细心人，善于发现学生身上的细小进步，了解他们的长处和短处。学生表现出一点点进步的苗头，班主任就应该给予适时适度的表扬。这一点，有点像划火柴，火柴刚划着的时候，人们经常要用手掌护着，因为，开始时火焰弱，经不起气流的冲击。学生表现出进步苗头的时候，班主任老师一定要十分小心，保护这小小的进步的火焰不要熄灭。如果一时没有发现学生身上的闪光点，就要创造机会，让学生表现出闪光点。比如在课堂上提一个比较简单的问题让学生回答，回答出来了，教师便及时给予表扬。另外，如果一时学生没有值得表扬的方面，可以用赞美的方式，鼓励他们的积极性、进取心。比如，学生穿了一件新衣服，班主任教师不妨夸一夸他（她）的衣服；学生理了发，可以说"今天真精神"。要知道，赞美在人心里引起的是积极效应，这种积极效应会起连锁反应，也许就因为你的一句赞美的话，学生上课注意听讲了，发言积极了，作业认真了，这一切又造成了更多的闪光点，这些闪光点又成了班主任表扬的契机。所以说，一句表扬或赞美的作用是不可低估的，也许就是因为一句赞美的话，形成学生向上的良性循环。

四、班主任家长工作艺术

开好家长会注意的问题：

进行充分准备。要提前做好会前的有关准备工作。如发出通知（包括时间、地点、参加人员、主要议题等），慎重写好家长会讲稿，准备有关分析材料（如学生学习情况分析、阶段思想表现评语等），反馈材料（如学生家庭表现情况、对学校班级管理建议等），家长代表发言，家教参考资料等。在家长会筹备阶段，要详尽准确地掌握学生和家长的情况，比如家长的文化程度、工作性质等，考虑怎样讲话才能引起家长的共鸣，这样发言才会有的放矢。

家长会形式多样。应该进行创新，不拘泥于一种。比如，采用座谈会的形式，把教室里的桌椅围成一个圆圈，拉近彼此的距离；再比如，请家长代表发言，交流经验，这比空洞的宣讲更有说服力；还可以请孩子对家长说说自己的心声，或者给家长写信，请家长回信，架起沟通的桥梁……不同形式的家长会，会带给家长不同的感受，给大家留下美好的回忆，也会激起下一次相聚的期待！

家长会内容丰富。家长会上不仅要向家长汇报学生的成绩，更应该提醒家长重视孩子的身心健康，包括孩子品德言行的进步、综合素质的提高等。所以，会上展示的不仅仅是学生的作业本、考试成绩，还应该有典型意义的事例、学校举行的各项活动、孩子们在活动中的表现和收获，让家长们感受到孩子们的成长。

与家长交流注重谈话技巧，力求和谐融洽。消除他们的紧张心理，与家长平等地交流、对话，和他们建立起良好的关系，这是家长会成功的首要条件。我们要充分利用家长会这个与家长交流的好机会，尽量让家长了解我们老师工作的性质和细节，调动他们配合我们工作的积极性。家长会上教师一定要注重谈话技巧，切忌语言生硬、态度死板。回答家长问题时要耐心，做到实事求是，不夸大，不掩饰。对学生的优点要充分肯定，语气要舒缓、亲切，让家长感到老师对他们子女的关心，对学生的缺点错误，不要"告状"，而应严肃指出后果，积极地帮助家长分析学生犯错误的原因，提出矫正的措施和意见，使家长感觉到学校对所有学生一视同仁，家长才能够放心，并乐于配合校方做好工作。

做好会后的工作是家长会成功的保证。家长会不能开完就了事，而应该及时收集家长开完会之后反馈的信息，以便更好地与家长沟通、配合，共同做好教育学生的工作。家长会是一座桥梁，又是一方阵地，是良好的教育契机，我们只有牢牢把握，使家长有所获，有所启示，有所措施，达到在情绪上感动、思想上触动、措施上启动，达到最佳效果，才能形成学校——家庭教育网络，使教育工作及时准确，促进学生健康成长。家庭是儿童最先接受教育的地方，父母是儿童最早的老师。在青少年的成长和发展过程中，家庭教育是重要教育环节，它的教育和影响起着重要作用。因此，学校和家庭保持密切的联系和相互合作是完成教育计划的重要条件。

召开家长会是班主任家长工作的主要形式。班级家长会一般是教师向家长汇报班内学生思想、学习、健康状况，指出应当注意的问题，并和家长一起研究改进教育方法等。家长座谈会是根据具体问题邀请部分家长来校征求意见，研究学生情况，做好班级工作。这两种班主任与家长联系形式都是班主任经常运用的。在利用这两种形式与家长联系的时候，一定要注意事前的准备工作，确定会议主题和研究的工作重点，切忌无准备地召开家长会。另外，在召开家长会之前，要与家长取得联系，通报会议内容，让家长来开家长会做到有所准备。家长会上的讲话班主任应做比较充分的准备，最好准备讲话提纲。讲话应以鼓励为主。对个别学生比较严重的错误或缺点，不要在大会上点名道姓地讲，对这样的学生可以会后留有关家长个别谈。

家长工作的另一个重要形式是家访。家访的目的是沟通学校教育和家庭教育，使之相互配合。家访工作中，教师要了解学生家庭教育情况，即学生在家情况和学生在家中的表现。要向家长介绍情况，即学生在学校的思想表现、学习成绩、同学关系、纪律表现等。通过访问，协调学校教育和家庭教育的步调，以发挥学校教育的主导作用，和家长建立良好的关系取得家长对教师工作的支持和配合。家访之前，最好和学生打好招呼，对学生家庭情况做初步了解。家访时最忌教师向家长告学生的状。与家长谈话时最好请学生一起参加，也要允许学生自主发言，说出自己的意见。家长工作的目的是教育学生，但这项工作的直接对象是家长，一般说来，多数家长重视对子女的教育，注意培养孩子的正确思想、良好的品德和行为习惯，关心学生的学业成绩和健康。但也有个别家长在教育子女的思想和方法存在不同程度的不足，这对学生的成长是十分有害的，为了使家庭教育和学校教育一致，必须在了解孩子的同时了解家长，针对家长的不同情况选用不同的谈话方式。每个班级五十几名学生家长，他们从事的职业不同，文化修养、政治素质不同，社会地位、经济状况不同，因而他们的思想意识和思想方法有差别。家长对学生的影响作用也不尽相同。多数家长是有权威的，也有极少数家长在孩子心目中的位置不高，或者说影响力甚微，做家长工作应该充分估计到这些情况。

在做家长工作的时候，应该考虑不同的家庭情况。比如，同样是学习成绩不好，若是家长有见识，思想水平比较高，能正确教育子女，可以直言不讳地告诉其孩子的学习情况，分析孩子的不足，共同研究提高教育孩子的办法。若家长思想狭隘，又好面子，这就不可当着其他家长的面介绍他孩子的情况，即使在适当的场合，也要注意谈话方式，在谈学生成绩时，可以用"最近一段时间有进步，但是……"这样的语句开始谈话。先肯定进步，后指出不足，常常是与这种类型家长谈话的基本方式。

办好班级家长学校，定期向家长传授教育的理论与教育技巧。家长学校有函授和面授的两种。函授即通过发放学习资料，传授教育学、心理学以及家庭教育理论和经验；面授即通过定期或不定期的专题讲座的形式向家长传授有关教育理论和教育技巧。班主任办好本班的家长学校的工作，能提高家长家庭教育素质，优化家庭教育环境。家长学校是提高家长教育水平的好形式，不仅传授了教育理论，而且加强了家长与学校的联系。把教学教育与家庭教育结合在一起，教师和家长心往一处想，劲往一处使，为把学生培养成才起着非常重要的作用。

要做好学生家长工作必须研究家长的不同类型。我们通过研究发现，学生家长大体分为五种类型：物质刺激型、惩罚型、放任不管型、束手无策型、科学教育型。这种分类并不十分科学，互相之间也有交叉和重叠，比如束手无策型家长开始时可能是物质刺激型，或是放任不管型，或是惩罚型，后来因为以上方法造成教育的全面失败，最后成了"束手无策"的家长。我们只有在研究了家长的教育类型后，方可对症下药，有的放矢。针对不同家长类型，准备不同的教育策略。与家长沟通是班主任工作艺术中的一项十分重要的内容。

尊重理解。我们在与家长接触时，不论他的社会地位如何，职务高低，不论他的文体水平高与低，不论他的经济收入多与少，不论他孩子的成绩好与坏，都必须尊重和理解。班主任与家长地位是平等的，交往时要彬彬有礼，讲究礼貌、客气，营造一种和谐的氛围。要一视同仁，班主任在与家长接触时决不能有功利思想，更不能有私心杂念，决不能利用职权班主任之权去要求家长为自己做这做那。

应该看到，不管哪种类型的家长都有一个共同的点，那就是把孩子培养成一个有用的人。根据这一共同点，只要我们找好切入点，班主任老师就一定找到与家长共同的话题，只要班主任推心置腹，讲话入情入理，以理服人，一定可以消除家长在教育上的疾患。班主任和家长合作好，关键在班主任一方，班主任要主动，要因时、因事、因人而异，当好家长的参谋，调动家长的积极性，定会取得最佳教育效果。

5.班主任偶发事件处理艺术

偶发事件是指在教育的过程中发生的事先难以预料、出现频率较低，但必须迅速做出反应，加以特殊处理的事件。偶发事件的成因主要是学生性格异常、感情障碍、人际冲突、不良道德行为、天灾人祸、外来干扰等。偶发事件是班主任最头痛的事，处理偶发事件是对班主任工作艺术的考验。偶发事件虽然是偶发的，但往往影响很大，处理不好常常会造成十分严重的后果，有时后果虽不严重，但造成的影响却对班主任以后的工作十分不利，所以，班主任必须十分注意偶发事件的处理。注意研究偶发事件的特点、成因、处理方法，努力防偶发事件于未发，即使偶发事件突发，班主任心中因有备而不慌乱。

偶发事件的特点：

突发性。偶发事件常常以突然的方式爆发，常常和社会上的重大事件、学生家庭的重大变故或学生本人的意外遭遇联系在一起，在教师缺乏足够的思想准备的情况下突然发生。学生在校严重伤害、患病、骨折、眼伤、急腹症等。由于偶发事件的突发性，常常搞得班主任手足无措。例如，北方某校，一位学生上课时说肚子痛，老师说，能坚持的话就坚持到下课。学生于是坚持上课。下课之后，教师认为是一般的小病也没有特别注意，就让这位学生一个人回家了。没想到，这位学生在回家的公共汽车上死去了。原来，这位学生患的是心脏病。（此事曾在中央人民广播电台午间半小时中播出）

偶然性。偶发事件往往是出乎人们意料。例如，南方某一学校学生上体育课，一个学生把足球踢到了校外，于是这位学生便翻墙去找。其他学生在校内等，可是等了好长时间也不见回来，喊也没有回音，另一位学生爬上墙头一看，原来第一位学生掉在了农村化粪池中。这一事件是非常偶然的，同时又是突发的。偶发事件一旦发生便在班级和学生个体中造成爆炸性的影响，轻则中断正常的课堂授课，重则影响全校教学秩序。

紧迫性。偶发事件，一旦发生必须马上予以处理，班主任必须当机立断，妥善解决。上面所举两个例子，说明偶发事件一旦发生，教师就必须想出解决的办法，采取果断措施，给予妥善处理。由于偶发事件的特殊性，处理偶发事件往往不能依靠常规办法解决问题，而需要班主任运用高度的教育机智加以特殊处理。处理偶发事件，首先，班主任要控制住自己的感情，沉着冷静，不慌不乱。控制感情，做到沉着冷静，对人命关天的事尤为重要。其次，了解情况并掌握分寸。"了解"是教育的钥匙，是处理偶发事件的前提。在偶发事件发生之后，班主任要注意调查研究，了解事件发生的原因，然后再审时度势采取灵活的教育方式，给予处理。当偶发事件发生之后，班主任要善于依靠集体的力量，运用集体的智慧来解决。

第六节　班主任角色定位

班主任是班级的组织者、教育者和指导者，在班级建设中行使着多种职能，扮演着多种角色。班主任工作就是通过组织班级成员参与各种活动，从而激发学生的成就感。

一、班主任的角色作用

1. 班主任工作的意义与任务

学校按班级组织学生的教育活动。班就像是学校的细胞，既是学校教导工作的基本单位，也是学生学习、活动的基层集体。只有把一个班的学生很好地组织起来进行教学和教育活动，才能使这个班的学生在德智体美劳等方面得到发展。只有把教育目的和教学计划很好地落实到每一个班，才能提高全校的教育质量。靠谁来抓好班的工作呢？虽然一个班，有好几位任课教师执教，但班上还有许多不属于科任教师职责范围内的事，如组织与培养班集体、进行课外与校外活动、团队活动、安排课余生活等，需要有专人来做。班上几位任课教师在工作上要能互相配合、步调一致，也需有专人来协调。所以学校有必要给每个班委派一位班主任，由他负责来抓班的教导工作。

班主任是班级的教育者和组织者，是学校领导进行教导工作的得力助手。他对一个班的学生工作全面负责，组织学生的活动，协调各方面对学生的要求，对一个班集体的发展起主导作用。实践证明，许多各方面表现平平的班，经过优秀班主任的辛勤培育，深入细致地做思想工作，终于转变成"好班""优秀集体"，而有的班本来很不错，却由于班主任不负责任，放任自流，逐渐松弛、散漫，沦为落后。班主任工作的质量，很大程度上决定着一个班的精神面貌和发展趋向，深刻影响每个学生的全面发展。

班主任工作的基本任务是：依据我国教育目的和当前学校的教育任务，协调来自各方面对学生的要求与影响，有计划地组织全班学生的教育活动，做好学生的思想教育工作，并对他们的学习、劳动、工作、课外活动和课余生活等全面负责，把班培养成为积极向上的集体，使每一个学生在德智体美等方面都得到充分的发展，形成良好的个性。

2.班主任的角色作用

在学校的教育教学中，班主任是一个举足轻重的角色。作为一个班集体教育教学的领导者——班主任，其工作的成功与否，直接影响到一个班集体良好班风的形成，也直接影响学生能否健康而全面地成长，更影响着一个学校教育教学工作的顺利进行。怎样才能成为一名合格的乃至优秀的班主任，一直是我们在探寻的问题。班主任必须有无私的爱心，要给学生无限的关爱；班主任必须严厉，因为"教不严，师之惰"；班主任必须不断适应时代的潮流，因为时代在进步，学生也在不断变化。因此班主任怎样给自己在班集体中进行角色定位，是一项非常重要的工作。

（1）班主任是一个领导者

作为一个领导者，就应该帮助班集体确定集体的目标并阐明目标的意义；应该将集体目标转化为实际行动，并帮助学生进行有效的活动；应该团结全体学生，帮助他们朝向共同的目标而努力；应该在全班学生中间和师生之间建立良好的交往氛围；应该热爱这个班集体并锐意把集体建成一个有效的学习集体，让学生感到心情愉快，对学习充满信心。

一般情况下我们可以把班主任的领导者这一角色分成两大类：监督型和参与型。监督型的领导往往凌驾于所领导的班集体之上，通过施加监督和控制来领导班集体工作。教师单独决定班集体的一切事项，对学生有权惩罚和施加压力，其结果就形成了"猫"和"老鼠"的"游戏"，或者是有了"克格勃"的别称。这样的集体中，虽然纪律很好，但师生之间，学生之间互不关心，学生的情绪和态度都比较消沉或冷漠，学生的积极性与主动性得不到充分调动，压力多于动力，对高中生特别是寄宿制的高中不合适。那么参与型的领导呢？这是民主型的，教育学生对班集体的各项工作共同关心，积极参与，并在教师的领导下，以民主的方式，充分发挥学生的积极性，从而认真达到集体的目标。学生感到自己是集体的主人，具有集体荣誉感。学生的积极性和创造性受到重视，学生之间、师生之间关系融洽，互相关心、互相支持，有利于学生健康成长。

（2）班主任是严父慈母

学生的日常生活与学习，是班主任必须时刻关注的。严格要求是必要的，无论是校纪校规，还是为人处世，都应严格要求、正确引导，要让学生感到班主任不仅是教师，更是一位严厉的父兄，使其在潜意识中有一种模仿的欲望，进而形成习惯，提高其思想品德修养。要让学生敬重，必须以身作则，对于学校制订的规章制度需要严格遵守，为学生树立榜样，所谓"上梁不正下梁歪"就是这个道理。同时班主任还必须有慈母一般的爱心。细心是首要的，学生在学习中出现了困难要及时发现，及时引导，让学生体会到老师无时无刻不在关心他。在生活中更应该这样，当学生出现疾病时，出现思想问题时，作为班主任，应该及时出现在学生的身边。

（3）班主任是一座桥梁

这里所说的桥梁，不仅是学业上的，更多的是生活中的，即班内的学生之间、师生之间，还有家长与学生之间、家长与学校之间的桥梁。首先在班内的交往中，特别是师生之间及学生之间的思想交流，具体阐述是：教师与学生单向交流，效果较差。教师与学生保持双向交流，效果才会较好。教师与学生保持双向交流，同时也让学生之间保持一定的交流，效果好。教师成为相互交流的中心，并且促进所有成员的双向交流，效果最好。

上述四种模式是多向交流。教师作为班集体的一名普通而又特殊的成员与每一个学生充分交流，同时也是自己成为联系学生的纽带，进而促进更多的学生学会与老师交往，学会互相交往，我认为这是培养学生社会交往能力的最佳途径。在这种模式中班主任应主动放下"师者"的身份，以一种"朋友"身份出现，这样可以使学生感觉到是平等交往，而不是"受教育"。一旦学生首肯了班主任的"朋友"身份，他们就会敞开思想的大门，与班主任"朋友"交换彼此的看法，这对班主任做思想工作无异于打开方便之门，一定会事半功倍，同时也可以为学生营造一个和谐、愉快、团结、合作的氛围，对良好的班风建设有着重要的影响。

其次是家长与学生之间的交流。家长与老师交流是非常普通的事情，这也是班主任的工作之一，但是教育学生不仅仅是教师的工作，家长也起着很重要的作用。家长与学生之间的交流最大的障碍就是所谓"代沟"问题。有些家长对子女的教育特别严格，在学生之间的正常交往问题上与"早恋"画上了等号，粗暴地禁止异性同学之间的交往、外出活动。而有的家长则在学生面前翻来覆去地大谈"学习经""时间经""刻苦经"等。像这样的例子在许多家庭中都很普遍，那么学生又怎样看待呢？一个字"烦"，两个字"啰唆"，更有甚者想离开家庭，教育的效果可想而知。在这种情况下，要利用接待家长及家长会的机会，给家长们提出一个要求：改变身份，以朋友之心与之交流，充分理解学生的心理，熟悉青春期阶段的心理特点（叛逆心态），用轻松和谐的谈话内容去拉近彼此距离，例如定期以书信形式进行交流，许多学生与家长现在已经能够坐下来认真交换与探讨彼此的观点与看法，这肯定要比家长专制要好得多。与此同时注意引导学生去想一想家长们的心理，换个角度看问题，鼓励他们主动与家长沟通，也达到了一定的效果。

（4）班主任应该是一位心理医生

班主任当心理医生，这也许有些苛刻，但一位合格的班主任必须要懂得一点心理学理论，这是不争的事实。不懂得心理学理论，或不按心理学规律办事，就无法及时掌握学生的心理变化情况，不能及时地发现和解决学生的思想问题，势必会影响教育教学的效果。从学生的角度来看，从初中开始，许多学生就生活在重重压力之中，对社会了解甚少，加上家庭教育的种种偏差，不仅生理上需要适应，心理上更需要一定的时间来适应。

案例：有这样一个学生，成绩一直比较优秀，但她自己反映：对一些记忆性的内容，或者考试中有一定难度的题目总是对自己不放心，迟迟不敢下笔，瞻前顾后，浪费了许多时间，深感苦恼。针对这个情况帮助她进行分析：1.平时记忆方式有问题，形象记忆过多；2.复习巩固效率不高；3.在以前的生活中出现过某种变故而影响了自信心。果然第三种情况被学生认可，同时她也讲述了幼年的经历。鉴于此老师建议她多做记忆训练，努力保证正确率，同时忘记幼时的经历，逐步消除心理影响，得到了一定的效果。

二、对班主任素质的要求

班主任工作责任重大，对班主任的素质提出了很高的要求。

1. 高尚的思想品德

班主任是学生的教育者、引路人，是他们的学习榜样。班主任应有崇高的社会主义品德，饱满的工作热情，永不停息的进取精神，言行一致、表里如一，能为人师表。这样他才能在学生中树立崇高的威信，给学生强有力的教育影响。

2. 坚定的教育信念

确信教育的力量，确信每个学生都有优点和才干，都可以教育好。对有某些缺点和错误的学生，只要对他做深入细致的思想教育工作，也能把他转变好。班主任要树立坚定的教育信念，才能在工作中不畏困难曲折，顽强而耐心的工作，收获辛劳的硕果。

3. 家长的心肠

班主任待学生要像家长待孩子一样，集严父与慈母于一身。既要无微不至地关怀学生、真诚地爱护学生，与学生彼此信赖、有深厚的情感，又要严格要求学生，对他们的缺点和错误都毫不放过。如果学生感受到班主任对他们的深情与期望，那么他将更亲近班主任，并乐于接受教育，从而使班主任的工作获得更大成效。

4. 较强的组织能力

善于组织学生开展活动是教育学生的重要条件。所以，具有较强的组织能力对班主任来说，是必不可少的。一个合格的班主任必须善于计划和组织学生的各种活动，善于根据情况的变化迅速做出决定、采取措施、进行调整，在工作中表现出魄力，能令行禁止，坚定地引导学生积极开展活动，不断前进。

5. 多方面的兴趣与才能

青少年学生生性活泼爱动，每个学生都有自己的兴趣与爱好，需要开展各种各样、丰富多彩的活动，这就要求班主任也需具有多方面的兴趣与才能。一般来说，性格活泼开朗、兴趣广泛的班主任，与学生有较多的共同语言，易于打成一片，便于开展教学工作。反之，沉默寡言、不爱活动的班主任则容易脱离学生，难以深入了解和教育学生。

6.善于待人接物

班主任为了教好学生，要与家长、任课教师、校外辅导员和社会人士联系和协作，因而要善于待人接物。事实证明，只有那些善于交往、能团结人的教师，才能很好地协调各方面的教育力量，把班主任工作做好。

三、班主任工作的内容和方法

1.了解和研究学生

要教育好学生，必须先了解学生，并不断地注意了解和研究学生。只有做到这一点，班主任的工作才能符合实际，对学生进行的教育才能有的放矢、因材施教，防止工作中产生主观主义和一般化的倾向。有经验的一年级班主任，一拿到学生的名单后，往往在开学之前便着手了解学生。如熟悉学生的学籍卡、找原班主任了解情况、有重点地走访家长和学生等。这样就能在开学后顺利地开展工作：如将学生分组和排座次、建立临时班委会、进行教室的清扫和布置……，使班主任工作有一个良好的开端。假如一位班主任对班上学生的身高、视力、听力、行为特点等都一无所知，便着手分组、排座次、委派干部，就难免主观、盲目，会为以后的工作带来许多麻烦。了解学生包括个人和集体两方面。了解学生个人情况，他的兴趣、爱好、特长、品质、性格，他在家庭生活中的地位和他的社会交往情况。了解学生集体情况是在了解学生个人情况的基础上进行的。它主要包括全班学生的年龄、性别、家庭等一般情况，学生德智体发展的全貌（一般发展水平和具有特殊才能的学生情况），班风与传统等。了解和研究学生的主要方法如下：

（1）观察

通过观察学生在自然状态下的行为表现，可以获得学生多方面的真实情况。班主任观察学生要有目的、有计划，并深入到学生的学习、劳动、课外活动和课余生活中去，才能全面而真实地观察到学生的各种表现。为了做到在不惊动学生的情况下观察到真实情况，班主任要注意选择好观察点。一定要细心、敏感、警觉、明察秋毫，注意突然的、甚至是微小的变化，某个活泼的学生为何突然沉默？另一个守规矩的小孩为何迟到？某某怎么心神不定？要注意这些细微变化来明察学生的内心世界，探明其原因。

（2）谈话

与学生的谈话方式很多。可以同某个学生单独谈，或与几个学生一道谈；可以开门见山地谈，或委婉地谈；可以让学生知道这次的谈话目的，有指向性地谈，或不使学生觉察目的，无拘无束地谈。这需要根据情况灵活运用，但无论哪种谈话，班主任的态度都要亲切、和蔼、真诚，必要时应当是严肃的；谈话的内容应当能增进学生的知识,富有教育意义;在方式上要注意启发引导学生敢于敞开思想,虚心听取他人意见,明辨正误是非，自觉提高认识。

（3）分析书面材料

有关学生的书面材料很多，大致有三类：一是学生档案资料，如学籍卡、历年的成绩和操行、体格检查表、有关奖惩的记载等；二是班级记录资料，如班级日志、班会和团支部会议记录等；三是学生个人写的资料，如作文、日记和作业等。分析资料可以掌握学生及其家庭、社会交往等全面情况。

（4）调查研究

为了深入了解学生情况或弄清有关学生教育的某个问题，常常需要做些调查研究。调查的对象主要是学生，还可以是学生的家长、亲友、任课教师、母校教师和原班主任以及其他有关人，应根据具体调查任务来确定。调查的种类可分综合调查和专题调查。综合调查是为了在新形势下了解学生各方面发生的规律性的变化，表现出来的特点、优点与问题，以便制订班主任工作计划。专题调查是为了了解学生个人或集体中发生的某个问题，深入而全面地掌握有关情况，以便采取有效措施，做出正确的解决或处理方式。

2.教导学生学好功课

学好功课是学生的主要任务，它对学生个性全面发展起重大作用，因而教导学生学好功课也是班主任的一项经常性的重要任务。搞好教学、提高学生的学业成绩，主要靠各科教师，但班主任对学生的教育、督促与检查，也是他们提高学业成绩的重要条件。一个班的学生平均成绩的高低，与这个班的班主任是否注意抓学生的学习密切相关，越是低年级其相关程度越大。班主任抓学生的学习，主要应做好下述工作。

（1）注意学习目的与态度的教育

要用古今中外的名人、学者、科学家勤奋学习的生动事迹来教育和激励学生，使他们生出热爱学习、热爱科学、追求真知、强烈的求知欲和献身科学的愿望；在鼓励和培养学生的兴趣、爱好和专长的同时，纠正那种因对某些学科缺乏兴趣而放松学习的不良倾向；要把他们对某一二门学科的浓厚兴趣，扩大到对所有学科都感兴趣，并从个人的学习兴趣提高为祖国的建设而学习、为科学的发展而献身的责任感、使命感，使他们获得巨大而持久的动力。

（2）加强学习纪律教育

遵守纪律是学生正常学习和提高成绩的保证。在维护纪律上班主任可以发挥重要作用。要教育学生遵守学校制度，不迟到、不早退、不旷课；要认真听讲，遵守课堂纪律；要按教师的要求进行学习，并按时完成学习任务、上交作业，督促他们抓紧时间学习，不要浪费时间，在假期也要坚持学习、完成假期作业。

（3）指导学生改进学习方法

改进学生的学习方法和培养良好的学习习惯是提高学生学业成绩的一个重要条件。班主任要了解学生的学习方法和习惯，向他们指出哪些方法和习惯是好的、是应当发扬的，哪些是不好的、需要改进的；也可以请有关教师做方法指导，找高年级学生介绍学习经验；或组织学生交流学习方法，并加以研讨与改进。

3. 组织班会活动

班会是班主任向学生进行思想品德教育的一种有效形式和重要阵地。有计划地组织与开展班会活动是班主任的一项重要任务。班会的内容与形式应当多样化，可以是国内外的形势与政策报告，也可以是本班学生的思想教育的阶段小结；可以举行节日、纪念日的庆祝活动，也可以举行各种主题班会；可以组织道德、纪律、民主与法制等问题的学习、讨论和辩论，也可以组织学生谈谈自己的远大理想和追求等。只有多样化，才能适应青少年学生的特点，满足他们的求知、增长才干、抒发思想情感、关心时事政治和了解社会等多方面的需要，从而才能调动他们的积极性，使他们受到教育与锻炼。

组织班会活动要有计划。首先，对一个学期的班会活动要有一个总的设计、总的计划；然后，对组织每一次班会要有一个具体的工作计划。组织班会的具体工作计划，主要包括班会的目的、主题与内容、形式与方法、准备工作的分工及完成时限、班会的程序与组织等项。班会计划，一般在班主任领导下，由学生干部或全班同学共同讨论确定。组织每一次班会的具体工作计划，应在班会举行前一二周制订。班会活动切不可无计划、打乱仗，事到临头却仍毫无准备，便简单地用组织学习或由班主任训话来应付，那就会使学生丧失兴趣，感到厌烦。

组织好一次班会极不容易，可以说比上好一节课还要难。要使全班每一个同学都积极投身到班会的准备和进行活动中来，并受到锻炼和教育，这是一项复杂的创造性的工作。只有发动全班学生，群策群力才能把班会开好。首先，要确定能引人注目、激动人心、吸引学生的主题；其次，要选择好能表现主题，为学生所喜闻乐见的丰富多彩的内容与形式；最后，要尽可能多地发动学生来进行提前的准备。其中做好准备工作是开好班会的关键。因为准备班会的过程就是教育、锻炼和提高学生的过程。如果每个学生都能积极投入准备活动，激发出上进的热情，发挥出自己的才智，那么不仅能把班会开得很好，而且将使学生个人得到提高，班集体得到发展。

4. 组织课外活动、校外活动和指导课余生活

课外活动与校外活动对培养学生的志趣、才能，丰富和活跃他们的生活，促进他们全面发展有重要意义；而学生的课余生活如何安排，也能深刻影响学生的身心发展。学校的课外活动和课余生活一般都以班为单位来组织与安排。所以，组织与指导这些活动也是班主任一项经常性的重要工作。在开展课外与校外活动方面，班主任主要负责动员和组织工作：为校内和校外组织的各个学科小组、技术小组、体育小组、艺术小组等专项活动小组推选学生；成立本班的课外活动组织，制订课外活动计划，开展各种课外活动；将自愿与动员相结合，使全班学生在规定的课外活动时间内都能积极地参加自己选定的活动。此外，班主任要为本班开展课外活动创造条件，聘请有关教师、家长、社会人士或有特长的学生担任指导工作的身份；解决物质条件，如场地、设备、活动工具等；特别要做好思想工作，大家齐心协力、步调一致地把活动开展好。开展课外活动是一项很复杂的工作，班主任不能只是提要求，必须经常关心、过问，并深入活动中去，掌握真实的情况，了解困难与存在的问题，采取有力的措施，推进

活动的开展。对学生的课余生活，班主任的责任是：经常关心、了解，并给予必要的指导。其目的是使全班学生的生活过得生动有趣、丰富多彩，充满欢乐与温暖，充实而富有意义，而不要让学生感到无聊、寂寞、无所事事或追求一些不健康的东西。在课余生活上，班主任要尊重学生的个性、兴趣与爱好，照顾他们的特点，不要干预太多，管得太死，以致压抑了学生个人的志趣与个性的发展。但是，也要严格要求他们遵守学校的制度和纪律，自觉抵制不良思想习气的侵蚀。

5. 组织学生劳动

学生的劳动时间在教学计划上已有明确规定，既可分散，也可以集中安排。学生的劳动内容很广，主要有校外工农业生产劳动、校办工厂（车间）农场劳动、建校劳动和各种公益劳动。每学期开学之初，学校应当根据情况对各班学生的劳动做出统一的计划和安排。班主任则应按学校的安排与要求，有目的有计划地组织好本班学生的劳动，使学生在劳动中增长知识才干，提高思想品德。在组织学生劳动方面，一般要注意下述工作。

（1）准备工作

它包括劳动准备、思想准备和组织准备。劳动准备是指使学生明确劳动的具体任务，劳动的时间与场所，劳动的程序、操作方法与质量要求，落实技术的指导、检核，领取劳动的工具与设备。思想准备是指做好学生的思想动员，认识本次劳动的具体意义，激起劳动的热情，增强劳动的责任感。组织准备，是指根据任务把学生组织起来，建立一定的组织领导方式，明确干部的分工与职责，制订劳动的纪律和安全注意事项。

（2）组织与教育工作

在劳动过程中，班主任要深入劳动现场，了解学生劳动组织是否合理？进行是否正常？有无劳动过重、过于紧张或松松垮垮、窝工现象？学生是否适应，病残弱小学生和女生是否得到了适当照顾？要善于发现问题、及时解决问题，才能激发出每一个学生的积极性。班主任组织学生参加劳动的目的主要在于教育学生。要善于通过劳动、结合学生的劳动表现对他们进行劳动态度、艰苦性、责任感、纪律性、爱护劳动工具以及互助协作、集体主义等多方面的教育。对学生在思想、纪律等方面存在的共同问题，应及时向全班学生提出、组织讨论，以便引起重视，采取措施使大家受到教育和提高。对个别学生的问题，要做好个别教育工作，切实帮助他改进问题。

（3）总结工作

抓好劳动总结是巩固全班劳动成果，向学生进行思想教育的重要一环。班主任应当重视并动员全班学生搞好总结工作。劳动总结的任务，主要是肯定劳动成绩，找出学生集体和个人在劳动中表现的优点，表扬劳动中的好人好事，当然也要检讨一下劳动中存在的主要问题，批评不良现象。其目的是发扬优点、克服缺点，培养学生的优秀品质，形成良好的风气和坚强的集体。

6. 协调各方面对学生的要求

调节和统一校内外各方面对学生的要求，这是能够有效地教育学生的重要条件，也是班主任工作的一项重要内容。这项工作包括以下两个方面。

（1）统一校内教育者对学生的要求

班主任、任课教师、团队干部都会对学生提出要求。如果各行其是、各搞一套，对学生要求严的严、松的松，那么必定会导致思想教育工作中的混乱、矛盾，不利于学生的学习和思想品德的成长。为了使各方面教育要求互相配合，有利于学生身心发展，班主任要根据教育目的和学生的实际情况，协调和统一教师对学生的要求。为此，首先要主动与有关任课教师联系，经常互通情况、交换意见，定期研究班上学生的思想、学习、劳动、课外活动等情况，以便在思想教育上，对学生提出统一的要求，在作业布置、辅导和课外学科小组活动的安排上，做到统筹兼顾，更好地加强思想教育，推动各项活动的开展，促进学生的全面发展。其次，还要与团队干部经常交换意见、研究工作。特别是在团队活动如何与班集体活动的配合上，确定发展团员的对象及其先后顺序上，在学生干部的分工上，都需要统一看法和协调一致。这样，才能使团队工作和班主任工作相互促进。由于班主任是班的组织者、领导者，在处理同任课教师、团队干部的关系上应当主动，承担起主要的职责。

（2）统一学校与家庭对学生的要求

班主任是学校与家庭联系的纽带，他通过家访、书信、电话和家长会等形式，同家庭联系密切，做家长的工作，与家长在教育学生上统一认识、要求和互相协作、配合。

7. 做好个别教育工作

集体教育与个别教育是紧密联系的。班主任在教育集体时，实际上也就在教育学生个人；而他在做个别学生的教育时，也是为了更好地培养集体。但两者又有区别。个别教育不同于集体教育，它不是面向集体，而是面向个别；它是教师根据学生个人的特点、需要和问题而单独进行的教育，一般包括个别谈心、道德谈话、个别指导、辅导和帮助等。做好个别教育工作也十分重要。它便于有的放矢、因材施教；便于系统连贯和深入地做学生个人的思想工作；也易于被学生接受。因此，班主任在抓好集体教育的同时，还要广泛接触学生个人，做好个别教育工作。

（1）促进学生个人的全面发展、培养优秀生典型

在集体的活动与交往中，每个学生的优点与缺点，长处与不足都将充分表现，如何帮助他们扬长避短，全面发展，这是班主任的个别教育工作的一项经常性的重要任务。在集体生活中，学生一般奋发向上、你追我赶。班主任要了解每个学生，善于引导学生，使他们投身于这种比学赶帮的友谊竞赛中去，通过各种方式的个别谈话，帮助他们正确评价自己、全面看待同学、互相学习、取长补短、共同提高。在促进学生的全面发展上，做好优秀生的个别教育工作，培养几个典型具有重要意义。班主任应在这个方面下功夫，经常给全班学生树立几个学习好的样板，带动和鼓舞学生向前奋进。

（2）做好偶发事件中的个别教育

一个班上，总会发生一些偶发事件，常见的有闹课堂、同学之间的争吵与斗殴、钱物失窃、损坏公物、对教师的不尊重等。正确处理偶发事件，无论是对维护纪律、树立正确舆论，或是对教育肇事者都关系重大。为了处理好偶发事件，做好肇事者的

个别教育工作，首先班主任遇事要冷静、沉着、慎重，如果感情用事，大动肝火，失去理智，或辱骂、殴打学生，或专横独断加罪于人，那就可能伤害学生的心灵和人格，导致意想不到的严重后果；其次要注意弄清事情的真相、情节的轻重、产生的根源和造成的后果，经过认真研究才做出处理，而不可偏听偏信，在没有掌握全面情况之前就匆忙简单地下结论，那样必定要犯错误的；最后要重教育，启发引导学生认识到错误，改过自新。批评与处分只能作为教育学生的辅助手段，如果企图借机整人、惩罚和压制学生，那么既不可能正确解决问题，也无助于教育学生。

8. 评定学生操行

操行是指学生的思想品德的表现。操行评定就是对学生一学期（或一学年）来的思想品德发展变化情况的评价。操行评定一般采用评语方式，有的还要评定等级（如评优、良、中、劣）。在对学生操行进行评定时，学校为了表彰先进、树立榜样，更有效地向学生进行正面教育，还普遍评选三好学生。操行评定与三好生评选，是学校对学生进行教育的重要方法。它有助于学生了解自己的思想品德表现、优点、缺点，明确努力方向，扬长避短，继续上进；有助于家长了解自己的子女，更好地配合学校加强对子女的教育；有助于班主任和学校更好地了解学生和教育学生。所以这也是班主任必须做好的一项工作。

为了做好操行评定，班主任在日常的教育工作中要注意积累每一个学生的思想品德表现的材料；在评定前，必要时可征求有关教师和团队干部的意见，还可以让学生对自己的操行做一个自我鉴定以供班主任参考；然后由班主任考虑学生的实际表现负责写成。操行评语不宜由学生小组或班级讨论通过。

操行评语，要实事求是，抓主要问题，有针对性，能反映学生思想品德的全面表现和发展趋向，要充分肯定学生的进步，适当指出他们的主要缺点，指明他们努力的方向，不可单纯罗列现象、主次不分；文字要简明、具体、贴切，使人一看就明白，并能接受，切忌空洞、抽象、一般化，严防用词不当，伤害学生的情感，造成家长的误解。总之，评语要富有教育意义，使学生看后既有所触动，感到自己的不足，又能看到自己的优点与希望，振奋起来，努力向上，而不是愤愤不平或更加消沉。

三好生评选，首先要坚持"三好"标准。既不能以成绩好代三好，也不能以品德好代三好，品学兼优而体育成绩不及格者也不应评三好。只有严格要求才能促进学生德智体全面发展；其次要客观公正，发扬民主，应由学生推荐和讨论，并征求任课教师和团队干部意见，然后由班主任认真研究决定，班主任不可徇私偏爱或一手包办指定。这样才能富有教育意义，具有激励作用。

9. 做好班主任工作计划与总结

班主任工作涉及面广，连续性强。为了能够较自觉地做好这项工作，一要加强计划性，使工作有条不紊地进行；二要注意总结工作经验，以便不断改进和提高，这两者又有紧密联系。新学期班主任工作计划的制订，必须依据上学期班主任工作的总结；而进行班主任工作的总结，必须研究本学期班主任工作计划的执行情况，做出正确的评价与分析。只有连续不断地抓好班主任工作的计划与总结，才能不断提高班主任的水平，卓有成效地做好班主任工作。班主任工作计划可分为学期工作计划和具体执行计划。学期工作计划的基本内容是：简明分析形势要求和本班学生发展的基本情况，提出本班的学期教育任务，并列出每周工作要点等。可以用表格形式填写，一式两份，一份交教导处，一份由班主任自留，以便执行。班主任工作的具体执行计划，可以按周制订或按活动来制订。它包括目的要求、活动的内容、活动的形式和方法、时间安排、分工、进行的程序步骤、完成的时限等。以一次班集体活动（如班会）为内容的具体执行计划，也可以在班主任领导下，由班委会去制订，这样更能调动学生的积极性，有利于教育活动的组织和开展。班主任工作的总结可分为全面总结与专题总结两种。全面总结是对班主任一学期的整个工作的总结，要进行全面的分析与评价；专题总结则是对班主任工作中的一个问题或一个方面的总结，要求纵深总结在这个特定的问题或方面的宝贵经验或不可忽视的教训。一个班主任应进行哪种总结为宜，要根据自己的工作情况而定。班主任工作的总结，不应单纯记述工作的事实与过程，而要从教育理论的高度来分析所做的工作，明确哪些是成绩，哪些是问题，弄清导致成功和失误的原因，探明班主任工作的规律性，提出行之有效的原则和方法，确定进一步奋斗的目标，以便改进工作。为了做好班主任工作总结，在平时的工作过程中，要注意积累资料，用《工作日志》《班主任日记》形式把工作情况、以及自己的认识记载下来；也要把学生、有关教师与家长在活动中所写的材料，包括计划与小结以及个人的认识与体会，也要保存下来，以便做好准备。这样到了期末，如水到渠成，就能写出有质量的班主任工作总结。

第四章　高中班主任的素质修养

作为班级管理者、教育者和组织者的班主任整体素质如何，关系到班集体建设以及学生的健康成长。因此，提高班主任素质就成为深化教育改革、提高教育质量的一项重要任务。班主任的素质修养是现代班主任适应其劳动特点、完成教书育人任务的重要保证。

第一节　班主任要树立先进的教育理念

教育理念是班主任对于教育的根本观念或根本的认识。班主任对许多具体教育问题的认识，无不受教育理念的支配与制约。班主任工作的指导思想、工作策略，无不打上教育理念的烙印。教育理念是一定时代的政治经济制度和社会意识形态的反映，不同的时代有不同的教育理念。教育思想的更新，从根本上说是教育理念的更新。在知识经济时代，传统的教育理念中的许多成分已经变得陈旧过时，这些陈旧的观念，已经成为当代教育发展和改革的阻力。思想、理念是行动的先导，班主任树立先进教育理念对于适应时代的发展、推进教育的改革、促进人才的培养具有重要的作用。

班主任要树立的先进教育理念主要包括以下几个方面：

一、坚定的教育信念

坚定的教育信念有两层含义：一是坚信教育工作在祖国建设和社会发展中的重要意义，忠诚党的教育事业，坚定从教爱教的决心，对班主任工作充满荣誉感和自豪感。只有这样才能真正热爱自己的工作，坚定做好教育工作的志向。二是坚持"孺子可教"的观点，确信教育的力量。相信每个学生都有优点和才干，都可以教育好。要对做好教育工作充满信心。对于有某些缺点和错误的学生，只要对他做深入细致的思想教育工作，也能把他转变好。班主任要树立坚定的教育信念，才能在工作中不畏困难曲折，顽强而耐心的工作，收获辛劳的硕果。坚定的教育信念是班主任做好工作的精神支柱。如果班主任对自己的工作妄自菲薄，畏首畏尾，怎么能够做好自己的工作呢？

教育信念是整个教育工作的基础，也是班主任全部工作理论的基础。许许多多优秀、成功的教育工作者，无一不是有着坚定的信念，并满腔热情地精心塑造每一个纯真的心灵。很难设想，一个没有坚定的教育信念、没有忠于党的教育事业的高尚品德的班主任，如何能够成功地做好学生的教育引导工作。

二、强烈的创新意识

注重学生创新精神和实践能力的培养是素质教育的核心。要培养学生的创新精神，班主任就必须要有创新能力和强烈的推崇创新、追求创新、以创新为荣的观念和意识，借以影响学生、培养学生。那些墨守成规，因循守旧，教死书，死教书，没有创新能力和创新意识的班主任是培养不出具有创新精神的学生的。特别是到了知识经济的时代，是否能培养出大量创造型的人才，已经成为在国际竞争中立于不败之地的关键。而创造型人才的培养关键在于教师。班主任应当是最有创新意识的人，只有创造型的班主任才能更好地培养出紧跟时代潮流的学生。当前，我国教育改革的步伐正在加速，只有具有创新精神，才能适应教育改革的需要，才能走在教育改革的前列。

三、正确的教育观念

现代班主任必须具有正确教育观念，只有这样才能采取正确的决策，处理好各种教育关系。缺乏现代教育观念，往往会导致班主任用旧的眼光看待新的事物，采取过时陈旧的教育措施，这样的班主任是无法满足时代的要求。观念的变革是教育改革的前奏，也是班主任工作的先导。树立正确的教育观念，是培养创新人才的重要保证。

（一）树立正确的人才观

中共中央在关于教育体制改革的决定中，开门见山地指出，改革的目的，就是要提高民族素质，多出人才、出好人才。因此，素质教育的推行，就不单单只是教学业务的问题，而是关系到我们国家培养一代什么样的人的大问题。这个问题不搞清楚，素质教育的目标、任务就难以正确确定，素质教育的实施与运行也难以深入持久地开展。而这个问题，归根结底是树立怎样的人才观的问题。即应试教育的人才观是以"英才"为人才，以考试分数为人才衡量的唯一标准。在这种人才观念的支配下，培养人才无非是要造就一批"应试的机器""无独创性的人"。适应现代社会需要的素质教育人才必须具备以下特质：第一，全面发展；第二，强烈的主体意识；第三，积极的进取精神；第四，较强的自我完善和社会适应能力；第五，具有鲜明的个性，能够驾驭和享受现代文明的成果。班主任只有树立这样的人才观念，才能完成时代赋予班主任的教好学生、培养人才的光荣任务。

（二）全面发展的教育观

教育观实际上是班主任对教育的认识。中小学教育是基础教育，是提高国民素质的教育，其着眼点在于促进学生的全面发展。时代的发展要求教育工作者必须迅速实现从应试教育向素质教育的转变。为了推进素质教育的实施，班主任就必须树立全面发展的教育观。应当在工作中做到：在教育目标上，注重学生全面素质的发展。不仅要抓好智育，更要重视德育，还要重视能力和情感方面素质的发展，即要充分体现全面贯彻党的教育方针。在教育对象上，坚持面向全体学生。要使全体学生都能得到相应的发展。在教学关系上，建立民主合作互助关系。建立师生民主合作互助关系要求班主任确立民主、平等、合作的教育观念，尊重学生的主体地位，引导学生挑战教师。在教学工作上，变"学生被动接受知识"为"让学生主动学会学习"。在实施素质教育过程中，班主任要采取有效的教学方法，调动学生学习的积极性，变"要我学"，为"我要学"。

（三）以人为本的学生观

班主任树立以人为本的学生观，应当在工作中做到：

1. 树立学生是发展中的人的观念

教育要把学生的发展作为一切活动的出发点。学生是发展着的人，在他们身上所表现出来的各种特征还处在变化发展之中，班主任要善于挖掘学生的潜能。以学生的发展为本，就是在教育活动中，班主任必须以学生的身心发展特点和成长规律为出发点，采取有效的方式或手段，把沉睡在每个学生身上的潜能发掘出来，把学生的创造潜能最大限度地释放出来，培养学生的好奇心、求知欲，保护学生的探索精神、创造性思维，为学生充分发展丰富多样的个性、培养创新精神和实践能力提供广阔的自由空间。为了学生的全面发展，班主任必须在教育过程中充分了解每个学生的潜在智力、兴趣、爱好和特长，把知识的传授与能力、素质的培养结合起来。要加强对学生综合素质的培养，既要教育学生具备适应信息化社会、学习型社会所需要的现代人的基本素质，更要加强对学生理想、信念、道德情操方面的教育，还需要强调对学生合作竞争意识与自主、开拓、创新精神的培养。坚持因材施教的原则，在施教方法、手段上必须符合学生的特点，让每个学生通过知识的学习，学会学习，学会创新；通过各种学习活动，学会交往、学会生存、求得发展，真正成为具有现代人基本素质的合格人才。

2. 树立以学生为主体的观念

学生是学习的主体，是认识教育教学活动的主体，是掌握教育教学内容和方法的主体，也是形成自己的观点、信念、道德和人格的主体。具有现代学生观的班主任在教育教学活动中，应善于发扬学生的主体精神，促进学生主体的发展。教育影响只有通过教育对象的主观努力才能发挥作用。具体来说，教育影响只有被学生内部的动机、需要、认识、情感所接受，才能影响和作用于学生。如果没有受教育者的主观努力，任何教育最终都会落空。学校教育实际上是一个外因作用于内因的过程。学生才是学习的真正主人，才是自我发展的主体。把学生视为学习的主体，强化学生的主体意识，是符合教育过程规律的。学生主体性的发挥有赖于班主任的启发引导，但学生的主体意识受到多种因素的制约，同时学生的知识、经验、能力、品质等一经形成就具有相对独立性，从而对教育影响表现出选择性和倾向性。班主任只有从学生已有的经验、兴趣、情感、能力出发选择教育影响，组织教育活动，才能调动学生的积极性并把教育要求变成学生的自我要求，取得教育的成功；也只有充分发挥学生的主体性，才能使学生的人格、个性、情感、能力等得到进一步的发展。

（四）现代教学效率观

传统的教学不讲效率，为了取得好的学习成绩，可以不计师生时间和精力地投入。这种观念已经不能适应知识经济时代教学的需要。在知识经济时代，需要学习的知识大量增加，而学习的时间却是一个常数。随着时代的前进，二者之间的矛盾越来越显得突出。因而，树立现代的教学效率观是解决这个问题的重要出路。所谓现代教学效率观，就是要有以较少的时间和精力的投入来取得最大的教学教育效果。从管理的角度来说，应当把教学和学习效率高的教师和学生树立为榜样，不要提倡"十分耕耘，一分收获"或不顾师生健康的"小车不倒只管推"的做法。提高教学效率就要提高学习熟练程度、减少无效劳动、避免过度学习、讲究科学方法。

（五）民主平等的师生观

树立师生民主平等的观念是班主任人格特征的重要内容。民主平等的师生观要求，班主任与学生的关系应是互尊互爱的平等关系、教学相长的相互学习关系。在教育过程中树立师生民主平等的观念，也包括有组织的教育活动以外的一般人际关系，两者都需要在民主平等的基础上去发展。在教育过程中，班主任与学生地位作用不同，但目标是一致的。为实现教育目的，班主任要发挥主导作用，就必须要调动学生的主动性，而要使学生积极主动地学习，有高度的自觉性，就必须充分尊重学生的人格，发扬教学民主，建立起民主平等的师生关系。

第二节　班主任的职业道德素质

班主任的职业道德是班主任从事班级教导工作所应遵循的行为准则和规范，它一方面要与社会总体道德相一致，另一方面还要与教师的职业道德和班主任教师所从事的工作相联系，具有自身的特色。

一、对待教育事业的道德素质

（一）热爱教育事业

教育对社会文化具有继承、传播、发展的功能；它为社会培养合格的公民，关系到祖国的昌盛和民族的兴亡。因此，热爱教育事业、忠诚于人民的教育事业、为教育事业贡献自己的整个身心，是每一个班主任教师对社会负有的崇高职责和最基本的职业道德，是班主任崇高声誉的重要标志。同时，热爱教育事业又是每一个班主任教师进行教育工作的强大动力，是每一个班主任教师必须具备的职业道德。班主任热爱教育事业体现在自觉地把国家和人民的利益放在第一位，不计名利，不计得失，唯求学生成为栋梁之材。为此，班主任必须充分认识教育事业的伟大作用，增强对教育事业的荣誉感。

（二）献身教育事业

班主任要不计辛劳，不计得失，积极献身教育事业。班主任工作的示范性、复杂性、创造性、全面性以及艰巨性等，决定了班主任教师所从事的工作是十分光荣，同时又是平凡而艰辛的。班主任在教育工作这个平凡而又艰苦的岗位上，长年累月地为他人发展而默默地奉献自己。"蜡烛"和"人梯"精神，正是这种高尚道德的真实写照。

二、对待学生的道德素质

（一）热爱学生、关心学生

热爱学生和关心学生是班主任工作的前提。学生是教育的对象。班主任首先遇到的问题就是处理好与学生的关系。实践证明，热爱学生可以开启学生的心灵，消除师生之间的隔阂和误会，增加学生学习的兴趣，并使他们体验到学校集体的温暖。热爱学生是班主任的美德，是班主任心灵美的主要表现。没有爱，就不可能有真正的教育。热爱学生、关心学生是班主任职业道德的核心。热爱学生、关心学生是班主任工作的动力源泉。热爱是最好的教师，有了爱才能产生工作的动力。热爱学生、关心学生，班主任就会对学生怀有深厚的感情，自觉地尊重学生，深入了解学生，成为学生的良师益友，从而建立起民主、平等、亲密和谐的师生关系，更好地完成艰巨而复杂的教育任务。热爱学生和关心学生也是班主任教育学生的手段。爱可以产生伟大的教育效果。班主任对学生强烈的爱，可以促进学生不断发展，产生"皮格马利翁"效应。

（二）公正、平等地对待学生

班主任对每个学生应该一视同仁，使每一个学生都在自己的心目中占据一个位置。不应根据学生学习成绩的优劣、个人的好恶甚至是与班主任关系的亲疏程度区别对待学生。公正、平等地对待学生，才能受到广大学生的爱戴。在此基础上班主任教师才能成为学生心目中的楷模。公正、平等地对待学生，要求班主任教师着重于学生的发展，特别是对差的学生，更应该爱护，做好长善救失的工作。总之，对待学生偏心、偏爱是班主任教师的一种不道德的行为，最终会影响师生关系，影响学生个人的发展。

（三）尊重和信任学生

尊重和信任学生是班主任教育工作的前提。学生虽然是教育的对象，但首先是人。班主任应当尊重和信任学生，才能够使学生自觉地接受教育。如果班主任把教育学生的权力凌驾于学生的人格之上，必然会把斥责、讽刺、挖苦视为正常的教育手段，甚至发展到辱骂和体罚学生的地步，这必然会造成师生关系的紧张，从而削弱对学生教育的影响。

（四）严格要求学生

班主任对学生的爱不完全等同于母爱，它是一种受社会委托、要把学生培养成为栋梁之材的、目的性更强、更为宽广的爱。爱护、信任与尊重是班主任工作的前提；

严格要求学生则是班主任对学生爱护、信任和尊重的延伸。尊重学生、信任学生、爱学生必须对学生严格要求，两者是辩证统一的关系。严格要求学生是班主任爱的重要组成部分。它既顾及学生眼前的得失和辛苦，更看重学生未来的发展和前途。那种讨好学生和家长，而放松对学生要求的班主任，是违反教师道德的，最终也是不能够促进学生更好发展的。

三、对待教师集体的道德素质

在现代学校中，培养年青一代教师的任务，不能只是由个别教师独立完成，而是由多位教师相互配合、互相协作，共同完成的。班主任除了对学生进行管理、教育以外，还必须联系各任课教师，对学生进行教育。因此班主任处理好与其他教师，以及与教师集体的关系，不仅反映了班主任本人的道德水准，而且还直接影响着对班级教育的效果。班主任对待教师集体的道德主要包括：

（一）尊重和信任其他教师

尊重和信任其他教师，首先是尊重其他教师的人格和声誉。在一定意义上来说，损坏一个教师的声誉，就等于毁了这个教师的人格乃至教育生命。因此，班主任必须珍惜自己和其他教师的人格和声誉，维护其他教师的人格和声誉，树立其他教师的威信。其次，要尊重其他教师的劳动。贬低其他教师，抬高自己的行为是不道德的，班主任应当尊重其他教师的劳动。只有尊重别人，别人才能尊重自己。最后，班主任应切忌和克服文人相轻、相互猜疑的习气，应该全面树立相互尊重、相互信任的道德风尚。

（二）支持和配合其他教师的工作

班主任应多和任课教师相互配合，以形成教育的合力，共同对学生进行教育。同时，班主任要努力争取和获得任课教师的支持与配合，要经常又和谐地同其他任课教师交流、合作和相互支持，以共同促进学生的全面发展。不应当把支持和配合其他教师仅看成是对学生进行教育的方法，而应当看成班主任教育学生所必须遵循的行为准则。

（三）依靠教师集体，团结协作，共同进步

教育人的任务是艰巨的，需要依靠教师集体的力量和智慧。班主任教师应当团结其他教师，相互尊重，相互学习，相互帮助，取长补短，提高教育技能。同时班主任教师要服从领导，领导要尊重和信任班主任教师。这样从领导到教师团结协作，才能真正地把学生培养成为德、智、体、美、劳全面发展的人。

四、对待学生家长及其他教育学生有关的社会人员的道德素质

影响学生成长的因素很多，但大体可以概括为学校、家庭和社会三个方面。学校

教育在学生发展中起主导作用，但是主导作用的发挥程度，还是要受到家庭教育、社会教育的影响。如果三者对学生的作用力方向不同，必然导致作用力的内耗，从而影响学校教育主导作用的发挥。而三者作用力的方向越一致，学校教育对学生的主导作用的发挥就越好。班主任教师应抱着对学生负责的态度，经常联系学生家长和与教育学生有关的社会人员，从而保持家庭教育、学校教育、社会教育相互配合和相互支持。这样班主任就必须处理好与学生家长及其他与教育学生有关的社会人员的关系。其基本的行为准则包括：

1. 班主任有责任采取书信、访问、家长会等方式主动与学生家长和有关的人员取得联系，了解学生校内外的表现，并商讨合适的教育方式对学生进行教育。

2. 班主任应虚心接受和听取学生家长和有关方面人员对教育工作的意见和建议。

3. 班主任应避免暗示家长体罚学生，避免向社会传播有损于学生人格和声誉的信息。

4. 班主任应"一分为二"地看待学生，立足于发展的观点，向学生家长和社会有关人员提出共同教育学生的要求。

5. 班主任不应利用师生关系，向学生家长或有关方面谋求私利。

6. 班主任应积极帮助其参与社会教育活动。

五、班主任自身的道德修养

对待自身的道德，班主任应有很高的素养，所谓"学高为师、德高为范"。因此，班主任必须具有较深厚的学识修养和较高的思想境界，要有学而不厌，诲人不倦的精神；要做到严谨治学，认真施教；要以身作则，为人师表。这不仅是素质教育、新课程改革对现代班主任的要求，也是现代班主任自我发展，自我完善的过程。

（一）严谨治学，认真施教

"严谨治学，认真施教"是班主任职业道德规范的两项基本内容，是班主任职业道德责任感的具体体现，也是班主任履行自身职责的客观要求。只有严谨治学，才能做到认真施教。形势在不断地发展，社会在不断地进步，我们的教育事业也在不断地发展。当前，社会对我们的教育也提出了更高的要求，转变教育观念，改革优化教育教学方法已成为教育界人士的共识。班主任应成为先进教育理念的实践者、科学人文精神的传播者、学生健康成长的引导者、诚信敬业爱生的模范者。坚持严谨治学，认真施教，以正确的理论引导学生，以科学的精神武装学生，以高尚的情操塑造学生。自觉加强业务进修，与时俱进，更新观念，学而不厌，精益求精。积极参与教学改革、课程改革和教育科研，强化师知、师智、师能，不断提升教书育人的能力。严谨治学、认真施教是班主任的职业责任，也是敬业爱生、具有高度责任感的一种表现。严谨治学、认真施教是教师在提高业务水平方面应当遵循的原则，是班主任完成教学任务必须具备的基本条件。著名教育家叶圣陶曾经说："教师对自己从事的教学工作报什么样的态度，对掌握业务知识报什么样的态度，这都是师德问题。"因此，教师要把严谨治学、认真施教作为加强自身职业道德的重要内容。

（二）以身作则，为人师表

"以身作则，为人师表"是班主任自身道德的一个突出特征。所谓班主任的以身作则就是班主任要用自己的言论和行为作为学生的准则或榜样。为人师表，要求班主任既才能卓著，又品德高尚，既重"言传"，更重"身教"，做到言行一致，表里一致，时时处处努力做学生的表率，当学生的楷模。只有以身作则，才能为人师表。班主任要在政治思想、道德品质、心理性格、风度仪表等方面，以身作则，为人师表。其中"风度仪表"是指一个人的德、才、体、貌等各种素质在社会交往中的综合表现所形成的独特风貌。它虽不是一个人的主要素质，但具有文明高尚的风度仪表，却是教师职业特殊需要，更是以教书育人为中心的班主任的需要。

第三节 班主任的知识能力素质

一、班主任的知识素质

完美合理的知识结构是班主任发挥最佳教育、教学效果的重要条件，在班主任整体的素质结构中居于核心地位。为了促进学生的全面发展，班主任必须具备完善合理的知识结构。班主任合理的知识结构应包括以下几点：

（一）基本的政治理论知识

班主任要卓有成效地开展工作，就必须具备基本的政治理论知识。这是由社会主义学校的性质、任务所决定的。班主任是"四有"新人的塑造者，是社会主义思想和共产主义理想的传播者，要使自己具有科学的世界观、人生观、价值观和思维方法，以指导自己的学习和工作，并在教育实践过程中影响学生，使他们树立科学的世界观、人生观、价值观，掌握科学的思维方法，从而成为社会所需要的全面发展的人才。

（二）精深的专业知识

班主任的重要职责是教学。因此，班主任必须具有扎实、系统、精深的专业知识。专业知识是指班主任任教学科的知识。班主任不仅要透彻理解，全面掌握所教学科的基本概念、理论、结构和学科体系，而且要了解它的历史、现状、发展前沿和未来趋势以及与邻近学科的关系。只有这样，班主任讲课才容易做到从学生的实际出发，深入浅出，不仅能教给学生知识，而且能从多角度、多层次、多方面对学生的观察和思维进行启发，从而有利于学生掌握学科的基本结构，有利于培养学生的思维能力和创新能力。

班主任的专业知识要求：首先，必须"实"，即全面系统地掌握本专业知识。班主任对自己所教的专业知识要有一个通盘了解，对教材要"吃"得透，能够把握教材的重点和难点，并能根据教育对象的不同特点，做到因材施教。班主任应在"实"上下功夫，要有扎扎实实的专业知识和实实在在的治学态度。其次，要做到一个"深"。班主任要教好课程，必须有精深的知识，要广泛汲取与本专业有关的知识。只有这样在教学过程中才能深入浅出地把知识讲透、讲活。最后，在"实"和"深"的基础上，要做到"活"，即灵活地驾驭教材。灵活地驾驭教材，必须理论结合实际，由具体到抽象，由简单到复杂，做到深入浅出，这样容易使学生获取知识，激发学生的求知欲，从而有效地促进学生积极主动地获取知识。

（三）宽厚的科学文化基础知识

班主任要具备宽厚的科学文化基础知识。科学文化知识是指班主任应具有当代科学和人文发展的基本知识；当代科学的基本知识指对信息科学、生命科学、新材料科学、环境科学、空间科学和海洋科学等方面的知识有一定了解；人文发展基本知识是指对人文科学即哲学、语言学、文学艺术、历史等方面知识有必要的了解和把握。另外班主任还应具备外语、计算机语言与操作，现代教育技术等知识。班主任教师只有掌握了广博的文化科学基础知识，才有可能为学生的发展提供更多的机会；发现特殊才能的学生；加强和其他科任教师的联系；为学生的全面发展提供更高的指导和帮助。当代的学生，见识多、思维广、求知欲强，需要广博的知识来充实。班主任教师与学生接触最多，班主任若能有广博的知识，就容易和学生彼此沟通，从而赢得学生的信赖，在学生中树立良好的威信，对学生进行的说服教育工作也将易于展开。

（四）全面的教育科学与心理科学知识

班主任工作的中心是教育人，促进人的发展，因此班主任要重视各门学科知识的教育价值与育人功能，帮助学生重新认识自我，建立自信，发展学生的个性。作为班主任不仅要懂得教什么，而且要懂得怎么教，还应明白为什么这样教，能运用教育理论来指导教育教学实践，从而有效地完成对学生的教育，促进学生的发展。班主任如果缺乏教育科学与心理科学知识，就难以准确地了解学生、把握学生，就难以自由而科学地准备和驾驭教育教学过程，更难以进行教育教学改革与创新，所以班主任必须熟练掌握心理学、教育学、伦理学、教育社会学、教育管理学、教育经济学、教育法学、学校卫生学等理论知识与实践知识。班主任只有具备教育科学与心理科学知识，才能科学施教，科学育人。

班主任除了必须具备基本的政治理论知识、精深的专业知识、宽厚的科学文化基础知识、全面的教育科学与心理科学知识，还必须具备新的知识结构。其中新的知识结构包括：

1. 现代市场经济知识。班主任要懂得市场经济的本质特征和内在要求，懂得市场经济对教育的影响，懂得如何运用正确的方法引导学生正确认识市场经济，正确评价市场行为等。

2. 现代科技知识。班主任要了解和掌握当今科技进步的信息，让学生能感觉到人类科技的发展、进步的节奏，培养学生勇于创造，探索求真的精神。

3. 较为广博的社会科学知识。班主任要懂得如何引导学生正确认识、评价和实现人生价值，懂得如何选择健康的生活方式，懂得如何感受美、鉴赏美、表现美、创造美等。

二、班主任的能力素质

班主任的能力是对学生进行教育不可缺少的前提条件，光有知识，没有能力，工作就只能疲于应付；既有知识又有能力，班主任工作起来才能得心应手。班主任能力构成与班主任工作性质和特点分不开。

（一）了解和研究学生的能力

教育学生首先必须了解学生，了解学生在很大程度上取决于班主任对学生的观察。班主任必须善于从学生日常行为偶然的细微表现中发现学生的个性特点及其本质，也就是说班主任必须具备敏锐的观察力。观察力是班主任了解全班学生、进行工作决策、发挥教育艺术、提高教育质量的重要因素和先决条件。班主任的观察力必须细腻，能够在事物尚未萌芽或处于萌芽状态时预见其发展的趋势，只有这样才能在教育工作中做到防微杜渐，防患于未然，从而较好地完成对学生的教导工作。

（二）组织管理能力

班主任在班级管理、课堂教学等项工作中，都需要组织管理能力。班主任的组织管理能力主要包括三个方面：

1. 维持班级正常教学秩序和纪律的能力。班主任面对几十个各具个性特点的学生，既要把课堂组织得井井有条，使学生有秩序地学习，又要使整个课堂生动活泼，学生思维活跃，故而具有良好的课堂组织管理能力是必不可少的。

2. 组织和培养班集体的能力。它包括确定班集体的奋斗目标、选拔培养班干部及优秀分子、培养班集体正确的舆论及形成良好的班风、协调班级人际关系的能力等。

3. 组织学生参加各种集体活动的能力。如组织文娱、体育、科技等活动的能力。

（三）交往协调能力

交往协调能力是现代班主任不可缺少的重要能力素质之一。它是时代的要求，是班主任出色完成教书育人任务所必需的。当今社会已进入信息时代，信息的迅速传递需要人们有广泛的社会交往，因此，为了使班内外与校内外教育影响的方向、步调趋于一致，班主任要具有交往协调能力。班主任的社交能力不是搞庸俗的关系学，它要求班主任善于和社会、学校、家长、学生协同工作，善于调动他们的积极性，增强教育力量的强度，调控学生发展方向。所以说，现代班主任不仅在校内应是教育教学的行家，在校外也应当是出色的宣传工作者和社会活动家。

（四）表达能力

表达能力是班主任运用自己的语言、表情、手势、姿态等影响学生的能力，是班主任的基本能力素质。其中包括口语表达能力、文字表达能力、运用态势语的能力，其中最重要的是口语表达能力。语言是班主任用以向学生传导影响的重要工具。班主任所使用的语言，一般包括独白语言和对话语言。独白语言具有很大的随意性，它是在大量内部语言的基础上进行的。班主任运用独白语言前，应有一个周密的考虑，遣词造句要准确和科学，能够正确表达自己的思想和感情。班主任的独白语言要有组织，有较好的连贯性、逻辑性、周密性、论证性、形象性和较强的说服力。班主任的对话语言，往往是在解决学生问题时所运用的语言，它具有很强的针对性。这就要求班主任的对话语言要有启发性，做到生动、敏捷和流利。班主任还要善于把语言表达能力与非语言表达能力结合起来，如表情、手势、姿态等，使之融为一体，并借助于后者，增强语言的感染力，加强信息传导速度和力量。总之，作为班主任，应努力提高自己的表达能力，从而有效地提高教育质量和教学质量。

（五）应变能力

班主任的应变能力是指其在教育教学中，面对各种始料不及的突发事件，能够熟练地把握教育教学规律，机智地变换教育教学方法，灵活而不呆板、巧妙而不生硬地做出相应的处理，并对学生进行因势引导、因材施教的能力。

班主任处理突发事件既需要丰富的教育教学经验，又需要敏捷的思维能力和娴熟的教育技巧；既要对突发事件做出迅速而准确的分析和判断，又要有一定的胆识和决策能力。

1. 当怒不怒的自控能力。对于突如其来的偶发事件，班主任的头脑一定要冷静，要有当怒不怒的自控能力，即要控制住自己的情感，千万不能动怒发火。例如，有一位戴眼镜的班主任，在接班后，第一次走进教室时，发现全班学生情绪紧张地盯着黑板，回头一看，原来黑板上画了一个戴眼镜的头像，旁边还写着"四眼狗"的字样。这位班主任一下子怒火中烧，真想来个"杀鸡给猴看"。可是，他还是冷静了下来，控制住即将爆发的情感，扫视了一下全班学生，回头将黑板擦干净，然后风趣地说："这幅画画得不错。画画的同学一定是为了考验一下他的班主任，但不应当采取有损于老师人格的做法。"此时，学生们的目光一下子集中到画画同学的脸上。这个学生红着脸低下了头。班主任见此情景又说："我想画画同学此时一定已经感到自己错了，不过不要紧，你要将功补过，利用你的画画才能为集体服务。"后来这个学生真的成了班上的宣传委员，师生间的情感也非常融洽。试想，如果这位班主任真的大动肝火，给学生来个"下马威"，效果会怎么样呢？至少师生情感会形成难以消除的隔阂，也达不到"长善救失"的目的。

2. 迅速而准确的判断力。突发事件出现后，便要求班主任迅速选择正确的方法解决问题。准确的判断是班主任应变能力的基础。突发事件尽管在一定程度上具有偶然性，但总有这样或那样的原因。如有些意外伤害事故是由于学生逞能、好胜、爱表现而造成的；班里丢失钱物并不一定是具有不良的偷窃动机，而可能是因为青少年爱开玩笑所致；有些突发事件是由于某种潜伏因素的作用而在一定场合爆发的结果，偶然中蕴含着必然。如师生"顶牛"事件，不少是因为以往师生中发生矛盾而未能很好解决所导致的。因此，突发事件发生后，班主任必须在短时间内对事件的原因进行周密的调查分析，做出科学的判断，并预测出不同的处理方法可能产生的后果，从而做出正确的选择。

3. 审时度势的变通力。班主任面对突发事件，应根据对事件原因和影响学生思想、道德、行为变化、发展的各种原因的分析判断，采取灵活战略战术，以达到因材施教的目的。变通即根据变化了的情况而变通教育目标，变换教育角度和方法。如变指令为参谋、变对立为友善、变贬抑为褒扬、变直截了当为迂回等等。在运用语言艺术上，有的班主任采用直话曲说、急话缓说、硬话软说、正话反说、严话宽说等变通方法也十分可取。

（六）良好的教学能力

班主任要想具备良好的教学能力，应具备以下几方面的能力：

1. 全面掌握并正确处理教材的能力

这是班主任教学必须具备的一种能力，也是班主任教学能力素质水平高低的重要标志。它主要表现在班主任对处理教材中的理解能力、应用能力和思维能力等方面。有了这种能力，班主任在教学活动中就能够透彻地理解教材，分析教材的重点、难点和关键，也能充分调动学生的主动性、积极性，启发学生生动活泼的进行学习。

2. 运用信息技术的能力

新课程要求改变传统的教学方式，大力推进信息技术在教学过程中的普遍应用，促进信息技术与学科课程的整合，逐步实现并完成教学内容的呈现方式、学生的学习方式、教师的教学方式和师生互动方式的变革，班主任应充分发挥信息技术的优势，为学生的学习和发展提供丰富多彩的教育环境和有利的学习工具。

3. 汲取新知识的能力

时代的发展要求班主任必须勤于学习、广泛涉猎、不断汲取新知识，使自己不仅有着精深的学科知识，更有广阔的文化视野和深厚的文化底蕴。问渠哪得清如许？为有源头活水来。班主任只有具备汲取新知识的能力和海纳百川般的知识气度，才能容纳学生各种创新思想的萌芽，才能为学生获得多方面发展提供机会，才能教会学生如何正确学习。

4. 反思能力

反思是班主任以自己的职业活动为思考对象，对自己在职业中所做出的行为以及由此产生的结果进行审视和分析的过程。班主任的教学反思能力主要包括两个方面：一是自我监控能力，就是对专业自我的观察、判断、评价、设计的能力；二是教学监控能力，就是对教学活动的内容、对象和过程进行计划、安排、评价、反馈、调节的能力。为了提高教学效果，班主任要重视自己反思能力的培养。教学反思按教学进程可分为教学前、教学中、教学后三个阶段：在教学前进行反思，能使教学成为一种自觉的实践；在教学中进行反思，能使教学高质高效地进行；在教学后进行反思能使教学经验理论化。教学反思会促使班主任形成自我反思意识和自我调控能力。因此，班主任要不断提高自己的反思能力。

第四节 班主任的身心素质

班级工作责任重、压力大，这就要求班主任必须具备良好的身心素质。

一、班主任的身体素质

班主任的身体素质是班主任各项能力正常发挥的物质基础和前提。班主任作为班级的管理者，身负重任，要进行大量的工作，如果没有健康的体魄，就不会有充足的精力，势必无法搞好工作。良好的身体素质不仅要求有健康的体魄，而且需要班主任具备积极锻炼的自觉意识并能坚持进行锻炼，不断提高自己的身体健康水平和体能，为正常进行工作提供最基本的保障。

二、班主任的心理素质

研究表明，班级工作的好坏与班主任的心理素质有一定的关系，良好的心理素质有助于班主任教育学生。班主任的心理素质包括积极乐观的情绪，豁达开朗的心胸，坚忍不拔的毅力和健康的个性品质等。一般可把它分为心理意识的倾向性和心理特征：心理意识的倾向性反映了班主任不同于其他人的心理倾向；心理特征则反映了班主任的能力、气质和性格等。

（一）要有健康的情绪

班主任的情绪对班级工作有重要的影响，好的情绪能感染学生，不好的情绪则对学生有一定的负面影响。因此班主任应十分重视自己的情绪管理，以使自己具有积极、乐观、平静、幽默的良好情绪，给学生以正面的影响。为此，班主任应做到几下几点：

1. 班主任应树立高尚、远大的人生理想，培养自己乐观向上的情绪

班主任的情绪很容易感染学生，乐观向上的情绪有助于学生非智力因素的发展，能够树立学生的自信心，对学生智力和个性的发展具有重要的作用；悲观的情绪，则会使学生丧失信心和受教育的勇气。班主任要具有乐观向上的情绪，必须首先树立高尚远大的人生理想。人生理想是人生观的重要组成部分，它对人的心理起着调节作用。高尚远大和科学的人生理想，有助于形成班主任的乐观向上的情绪。

2. 保持良好的心境

班主任无论遇到什么样的情况，都要保证自己良好的心境。所谓心境就是一种微弱的、平静而持续时间较长的情绪状态，班主任要经常保持自身心情愉快、舒畅。

3. 要善于控制自己的情绪

情绪的控制就是要让情绪活动服从理智和意志的调节，不能任其自流。有良好的情感修养的班主任，他们总是对学生充满爱，以工作为乐，并善于从工作中享受胜利的喜悦。否则，不能控制自己的情绪，单凭激情来工作，则往往会导致教育工作的失败。因此，班主任要学会控制自己的感情，遇事应沉着冷静，然后再做出决策，这样更有助于做好工作。

（二）要有坚强的意志

教育学生是一个艰难而又长期的工作，特别是班主任工作。它教育的是整个班集体，集体中的每一个学生又各具特点。要把一个个学生都培养成合格的人才，必须有坚忍不拔的毅力。毅力是一种有目的的意志行为，它是克服困难所必备的品质，班主任必须坚持锻炼自己的意志。为此，班主任应做到以下几点：

1. 长期不懈、持之以恒

这是毅力的一个重要特征。班主任应做到长期不懈地了解和研究学生，长期不懈地学习和研究教育规律，长期不懈地教育学生。

2. 不怕困难，知难而进

这是毅力的另一特征。它表现了人的勇敢无畏的品质。

3. 坚持意志锻炼，形成良好的意志品质

良好的意志品质有：意志的坚持性、自制性、果断性和目的性。班主任应当不断地培养自己的优良的意志品质，迎难而上，面对挫折决不屈服，面对挑战要坚决斗争，面对诱惑决不见异思迁，要百折不饶，朝着既定的教育目标而努力奋斗。

4. 坚持教育学生的一贯性原则

对于学生的教育要始终如一，决不放弃自己教育学生的原则和立场，努力寻求最佳的教育方法，把学生教育好。

（三）要有宽阔的胸怀

胸怀开阔、宽宏大量、心地坦然的班主任往往更容易消除与学生之间的隔阂。在对学生进行教育的过程中，班主任具有豁达宽阔的胸怀，更容易树立团结向上，生机勃勃的班集体形象。因此，班主任必须注意形成自己豁达宽阔的胸怀。为此，班主任应做到以下几点：

1. 树立远大的志向和高尚的情操，不断加强自身的道德修养。这不仅是教育学生的前提，也是形成豁达开阔胸怀的重要条件。俗话说："心底无私天地宽。"班主任只有不断地加强自身的道德修养，形成纯洁高尚的情操才能内心无愧、心胸开阔。

2. 与人为善，乐于助人。班主任要善良、公正地对待学生，把全部的感情倾注于学生。

3. 坚定的教育信念和扎扎实实的基本功。班主任应当确信教育的力量，确信每个学生都有优点和才干，都可以被教育好，即使有某些缺点和错误的学生，只要对他们做深入细致的教育工作，也是能够将其转变好。班主任要确信教育的力量，树立坚定的教育信念。同时学习和研究教育规律，不断提高自己的教育方法和技巧，扎扎实实地提高教育学生的各种能力。

（四）广泛而有益的兴趣

青少年学生活泼爱动，班集体中每个学生又各具特点，他们的兴趣、爱好各不相同，因此班主任必须具有多方面的兴趣和爱好。这样，不仅有利于开展班级工作，而且容易和学生接近，还可以从各方面引导他们的兴趣和爱好，提高教育的效果。班主任兴趣广泛可以促使自己获得更多的信息，得到广博的知识，以提高自身的修养；同时还可以和学生保持密切的交往，产生共同语言，从而更有利于自己了解学生，有针对性地帮助、教育学生。如果班主任是位科技迷，就能带动本班的课外科技活动；如果班主任能在球场上龙腾虎跃，就能团结帮助一批球迷；如果班主任能歌善舞，你的学生也会朝气蓬勃……这样就便于你了解学生、教育引导学生。

（五）活泼而稳重的性格

性格是指人较稳定的对现实的态度及与此相适应的行为方式，它却常常通过态度、意志、情绪、理智表现出来。班主任具有爽朗、活泼、坦率而富于理智的性格，对于青少年的教育是十分有益的。为使自己具有良好的性格修养，班主任要注意以下几点：

1. 真诚、坦率

班主任要向学生敞开心扉，真心实意地爱护他们、关心他们，不能走形式，只做表面文章。这样学生才会信任你，愿意和你亲近，把心里话说出来。心不诚，则事难成。班主任"言必信，行必果"，才能带出言行一致、表里如一的学生。

2. 热情、活泼

青少年一般说来都好说好动，情感外露，喜欢热情活泼的班主任。这样的班主任具有吸引力、感染力，能使师生心情愉悦、心理相悦、关系和谐。相反，那种抑郁、呆板、孤僻的班主任具有抑制力和伤害性，会使师生关系紧张，使学生出现反感、惧怕心理，敬而远之，极不利于学生身心健康的发展，同时也不利于班主任自身事业的成功。因此班主任应永保一颗童心，使自己的心理年龄永远年轻。

3. 沉着、冷静

班主任无论在何种情况下，都要保持沉着、冷静、理智。无论学生犯了多么明显的错误，又多么无理，也无论学生如何"顶撞"或"冒犯"了自己，作为一个班主任，一个人民教师，始终不能忘记自己的身份，不能忘记自己面对的是一个正在接受教育的学生，不能忘记作为一个班主任对国家所承担的职责。应当牢记：班主任任何时候的失态，都意味着丢弃教育原则。以往的教训警示我们，教师简单粗暴、急躁地处理学生的问题，常会给以后的教育工作留下隐患，甚至留下终身遗憾。自制、抑怒，可算得是一条戒律，沉着、冷静，应称之为一座警钟。

（六）健康的个性品质

班主任不仅要言传，而且要身教。所谓身教，就是用自身的人格魅力来影响学生、教育学生。布鲁纳曾说过："教师不仅是知识的传播者，而且是模范。"为此，班主任应做到以下几方面：

1.加强道德修养

个性是个体具有的稳定的个性心理特征的总和。人的道德品质是个性的核心，它构成了一个人的人格。个性品质的好坏与道德修养有极大的关系。加强自身的道德修养，可以使班主任形成优良的个性品质。

2.形成自己的风格

个性就是自身不同于其他人的心理特性。个性是个体心理独特性、独立性、创造性的总和。个性代表了一个人的风格，一个人的个性不明显，很容易被人忽视；一个人个性非常明显，则容易给别人形成固有的印象。班主任在进行教育工作时，应当逐渐形成自己的风格，以鲜明的个性来影响和教育学生，真正地达到既言传又身教的教育效果。

3.平衡和谐的心理品质

个性是个体心理的特殊性和稳定性的统一。个体心理的特殊性表现了一个人的风格或特点。在个性心理中，个体的各种心理品质又具有稳定性，其表现为各种心理活动的平衡与和谐。优良的、健康的个性使人的心理活动不走极端，能够抵制外来的各种因素的影响。班主任应当不断地调节自己的心理状况，不偏不倚，使自身心理达到平衡与和谐。

第五章　高中班主任组织和培养班集体的策略

组织和培养班集体是现代班主任的重要职责和工作。集体既是教育的目的，又是教育的手段。建设一个优化的班集体，会促使每个成员全面、和谐、健康地成长。作为现代班主任要懂得：离开了集体，便不能教会学生做人，而集体更不能自发形成，需要班主任掌握策略，精心组织与培养。

第一节　班集体的构成要素及其教育作用

一、班集体的含义及构成要素

几十名学生聚集在一个班里，并不等于就是一个班集体。班集体是由整个班级组成，它有明确的奋斗目标、共同的活动，有一定组织机构、规章制度，有良好的纪律、舆论与班风，有良好的人际关系的学生共同体，它是班级群体发展的高级形式。

这里需要指出的是，"班集体"与"班级"并不是完全相同的两个概念。班级，作为一种教学的组织形式，是班集体形成的组织基础，班集体只有在班级这种形式的基础上才能逐步建设起来。并不是每一个班级都称得上班集体，它需要经过大量组织教育和管理工作才能形成。一个健全的班集体应由以下要素构成：

（一）明确的奋斗目标

目标是班集体发展的方向和动力。明确的奋斗目标能将人的需要转变为强烈的动机，从而使全班学生按目标的要求去克服困难、排除障碍、控制和修正自己的行为，一步步实现目标。给班集体确立明确的奋斗目标，能增强集体成员的向心力和凝聚力，协调成员之间的工作，使大家心往一起想、劲往一起使，共同搞好班级工作。班集体的目标必须在党的教育方针指导下，结合时代的要求，符合班集体学生的特点和要求。一般来讲，班集体的目标应由班主任与全班同学一道讨论确定。但对一个新生班或特殊班，班主任也可以果断地提出班级的工作目标。班集体目标一般包括近期目标、中期目标和远期目标。这三者应构成一个层层递进、一环套一环的目标体系。班主任应不断地根据总的工作目标，结合现阶段班集体发展的水平及学校的工作计划，确立近期的奋斗目标。目标的提出应当由易到难，实现一个目标后，立即又提出一个要求更高的目标，以推动班集体不断向前发展。总之，目标的提出要考虑到远景性和阶段性、现实性和激励性的要求，循序渐进，逐步提高。

（二）共同的活动

班集体在活动中前进，学生个体在活动中发展。没有活动就没有生命，也就没有学生个体的健康发展，就谈不上班集体的创建。所谓共同的活动并不是人人都做一个动作，而是围绕着一个共同的目标，每个人完成集体分配的具体任务。共同活动是班集体成员之间发生交往沟通，对班集体的学生进行教育的重要载体。学生个体的社会化和学生集体的形成和发展，都是在共同活动之中展开的；没有共同活动，班集体的目标也就不可能转化为任务和对象，从而内化为学生的行为。

（三）健全的组织机构和骨干队伍

班集体应该有由全班学生按民主集中的原则组织起来、按照组织结构建立相应的机构。班集体组织能实现共同的目标，维系和调节班集体成员相互之间的关系，促进班集体领导和班集体成员行为协调统一。班集体巩固与否，取决于班集体组织结构是否健全。这里的关键问题是要成立一支为成员所信服的、有威信的班集体的干部和积极分子的骨干队伍。

（四）正确的舆论和规章制度

班集体应具有正确、健康的舆论。舆论起着影响班集体的动向和成员的言行的重要作用。集体舆论是在集体中占优势的、为多数人所赞同的言论和意见。班集体在形成与发展过程中，逐渐使班级的好传统成为集体的优良作风。集体有优良的作风和传统，就会变成一个大熔炉，新的成分进来就会被熔化在里面。凭借正确健康的舆论，班集体成员能够辨别是非，分清好坏，提倡和支持正确的言行，批评和抵制错误的言行，自觉地调整个人与集体之间的关系、个人与他人之间的关系，起到维护班集体的作用。班集体不仅为一定的组织机构所制约，而且受相应的规章制度的约束。一个班级集体为了管理的需要、教育的需要、形成良好班风的需要，必须要从实际出发，经过全班学生共同讨论并制订出切实可行的规章制度，要求学生严格遵守执行。纪律是形成和发扬正确舆论和作风的保证。组织健全、职责分明，又有共同遵守的行为准则，便会形成有人负责、有章可循的集体模式。

（五）良好的人际关系

学生在集体内共同学习和生活，必然需要建立人与人之间的关系，它包括师生关系、学生之间的关系、学生个人与群体或班集体的关系等，而具有团结友爱、互相帮助、平等和谐良好的人际关系是班集体形式的重要基础。班集体的人际关系应该是以集体主义性质的人际关系为特征，形成责任依从关系和心理相容的情谊关系协调统一且相结合的人际关系：一方面要通过班集体的公务交往，建立具有正式性、规范性和相互依存性为特点的人际关系；另一方面班集体通过各种形式和渠道，建立起在心理情感上相容的、和谐宽松的、积极向上的人际关系。班集体良好的人际关系能使班集体成员在思想感情和观念信念上趋于一致，做到关心支持、团结友爱、相互合作、齐心协力、凝聚向上，成员对班集体具有荣誉感、自豪感、归属感等肯定性的集体主义人际关系的情感。

总之，一个健全的班集体的五个构成要素，在班集体中各自发挥独特的作用。其中目标是方向，领导是核心，组织机构是骨架，人际关系是基础，活动是动脉，舆论是灵魂，组织制度是保证。它们互相制约，互相促进，形成结构完整的统一体——良好的班集体。

二、班集体的教育作用

苏联教育家马卡连柯说过，"不管用什么样的劝说，也做不到一个正确组织起来的、自豪的集体所能做到的一切"。班集体组织是微观的社会系统，是有秩序、组织、结构的有机结合体，它遵循的规律是整体大于各孤立部分之总和。马卡连柯还指出："教育了集体，团结了集体，加强了集体，以后集体自身就成为很大的教育力量。"但集体的这种教育和教化的价值功能可以是正面的，同时也可以是负面的。班主任只有高度重视班集体的建设，通过建设良好的班集体，才能发挥它正面的、积极的教育功能。良好班集体的教育作用，主要有以下几个方面：

（一）良好的班集体有助于全面推进教育任务的完成

班级既是学校的一个基层组织，又是学校教学的基本单位。班级的性质决定了它的功能首先应该是在班主任和教师集体的教育和指导下，通过班集体的力量，推进全体成员德、智、体、美、劳的全面发展。要完成教育任务，必须有良好的班集体作为保证，因为班级是维持正常的教育、教学秩序的基本单位和关键，是提高教育、教学质量的前提。因此，班级应以"全面发展"为总目标，统筹规划、全面安排各项工作；班委会、团支部、少先队、各学习小组及全体同学应以此为依据，协调一致，相互配合，开展多种形式的活动，形成既有领导，又有组织，既有客观标准要求，又有主观能动性相结合的班级局面，这样班集体的整体功能效应才能得以充分发挥，才能全面完成教育任务。实践证明，良好的班级秩序是与教育教学质量密切相关的，班集体的发展水平是与班级成员德、智、体的发展水平相关的。

（二）良好的班集体有助于促进学生个体的社会化

学校是社会的缩影，班级又是学校的折射。从人际关系的角度来说班级即是小型社会。就教育的职能分析学生在学校受教育的目的归根结底是：学会善于生产，善于生活，成为社会的人。学校教育过程是有组织、有计划地推进学生个体社会化的过程。学校社会中的"学生社会"是影响学生个体和个体进入未来的重要通道。在学校，班主任主要依靠创建良好的班集体来促进学生个体的社会化，其表现在以下几方面：

1. 良好的班集体可增强学生进入"社会大学校"能力

在良好的班集体中学生能够共同接受思想道德和科学文化知识，以及技能的教育和教化，具有较为扎实的思想基础、知识基础，提高认识世界和改造世界的能力，增强进入"社会大学校"能力，为进入成人社会做好准备。

2. 良好的班集体有助于学生"学会做人"

在良好的班集体中学生能够在学习、工作、生活及其共同活动的交流中，学习和内化社会规范，积累社会生活经验，在成长的过程中"学会做人"。在创建良好的班集体过程中，学生学习如何遵守纪律、尊重他人、服从权威；学习如何民主议事，如何团结班集体的成员，如何以身作则当好班干部；学习如何培养自己对集体的归属感、认同感和荣誉感；学习如何把班级建成为目标一致、行动一致、充满友谊、富有魅力的优秀班集体。良好班集体使学生之间相互影响、相互传递社会信息，逐步形成和发展了集体的需要观念、集体的价值观和遵守集体规范的习惯，并且学习处理个人与集体、民主与法制、自由与纪律、竞争与合作等关系，从而推进学生个体的社会化。

3. 良好的班集体有助于培养学生的人际交往能力

随着现代社会的发展，人际交往变得更加重要，它要求人们具有好的人际交往能力，善于主动与他人建立良好的协作关系。现今发达国家的教育目标和课程设置中均有"人际关系"教育内容的要求。人际交往的认知和技能成为当今学生必须具有的基本素质之一。同时，班集体中的学生处于基本相同的生理年龄段，有着共同的心理需求和发展交往的强烈愿望，表现为渴望进入某一群体，希望同他人交往，保持友谊、信任等。创建一个优秀的班集体，能使学生在良好的共同学习和活动中、在师生之间、同学之间通过彼此的语言交流、思想沟通积极影响对方。这种频繁的、内容丰富的、积极健康的交往活动，不仅满足了学生人际交往的迫切心理需求，而且培养了学生学会与他人共处、合作竞争的人际交往能力。

（三）良好班集体有助于促进学生个性的全面和谐发展

班集体不仅是促进学生实现个性社会化的环境，还是促进学生个性全面和谐发展的重要条件。乌申斯基说："教育的任务就是培养性格，而性格是由天赋的倾向性及生活中获得的信念和习惯形成的。"一个国家、一个民族进步与否，应看其公民个性发展的程度。有了丰富多彩的个性就有了丰富多彩的创造力。因此，促进学生个性和谐发展是时代的呼唤，是市场经济的需要，是当代教育的强音。学生在集体中与同学、老师之间频繁深入地交往，就会互相作用和影响。这种互相作用和影响正是个性赖以发展的必要条件。良好的班集体促进学生个性发展的作用主要表现在：

1. 良好的班集体，具有丰富多彩的集体生活和集体活动，使学生得到展示自己才能和特长的机会；每个学生在众多不同的活动中，处在不同的角色地位，有利于不同的个性潜能得到培养和发挥。

2. 良好的班集体，即一个和谐宽松、崇尚探索、价值取向积极的集体，会构成一种强大的心理和文化环境氛围的影响力，它无疑有利于学生探索精神和创新个性的形成和培育。

3. 良好的班集体，使学生个体的积极行为能获得他人和集体的肯定评价，这种心理需要的满足，会成为个体主动发展的动力。角色期待理论十分强调个人在集体中所获得的角色的重要性。人们一旦对集体中的某个或某些成员所扮演的角色予以确认，就会对他们的行为做出相应的预期，于是在很大程度上影响着这些角色本身的行为方式。它给予的启示是：一个良好的班集体总是对班集体中每个成员的成长发展充满着积极的期待，这就会使集体中的每个学生获得成长和发展的积极动力；同时，同学之间的相互比较和评价，也促进了学生自我意识的发展，有利于形成众多精彩纷呈的独特个性。

4. 良好的班集体，具有崇尚质疑的、思维活跃的、对创造性思维有着宽松的环境和支持力的文化氛围。那么，在这样的班集体中，就能够有效激发学生的兴趣和爱好，既能够使学生敢于表现自己的爱好和才华，又能够使学生在共同的活动中得到相互影响，有利于学生创造力个性的形成。

（四）良好的班集体是教育的重要手段

班集体是教育的对象，它一旦形成，便又成为教育的主体，有着巨大的教育力量。因为，一个良好的班集体不仅要有健全的组织和领导核心，严格的纪律和很强的集体舆论，还要有融洽的师生、同学之间的关系和积极向上的心理氛围。这样的班集体必然使学生的心灵受到积极的影响和熏陶，对他们的言行产生同化力和约束力。学生该做什么，不该做什么，常常是在"随大流"中养成的，就是说由于集体的制约力量，能使学生从不自觉到逐渐自觉，再到形成良好的行为习惯。集体也能够匡正某些学生的不良行为，使他们这种行为在"别人"面前不能表现，进而有所收敛至逐渐自觉地克服掉。这个过程就是在班集体中学生的自我教育过程。班集体的状态愈好，这个过程的作用就愈强，而离开集体，这种自我教育的能力就会减弱，甚至消失。学生的集体意识也只能在集体中通过集体活动培育形成。因为集体的要求和行动气氛会促使青少年形成集体意识和服务意识，良好的班集体是形成青少年集体意识的直接动力。所以，有经验的班主任都懂得班集体既是教育、培养的对象，也是班主任进行教育工作的重要手段。

（五）良好的班集体有助于提高班主任的自身素质

创建良好班集体的过程，就是班主任在科学理论指导下，在创建班集体的实践中总结规律、提高能力、增长才干的过程。在创建良好班集体的过程中，班主任面对种种难题时，会遇到挫折甚至失败，这就会促使班主任学习科学教育理论和运用理论武器去解决实践问题。理论与实践的结合，使班主任的理论素养和实践的才干得到了增强。在创建良好的班集体的过程中，班主任需要面对成败得失，它实际也是对班主任心理素质的锻炼。正确而勇敢地面对挑战，会使人变得坚强、乐观和豁达，有利于班主任练就强大的心理素质。在创建良好班集体的过程中，班主任需要将自己的教育思想、人格魅力、精湛的教育教学技艺和多方面的才艺等非权力因素展现在学生的面前，使自己成为学生的良师益友，这就有利于促进班主任素质的全面提高和完善。由此，班主任在创建班集体的过程中，要把种种压力转化为动力，这是提高班主任自身素质极其重要的动力源。

第二节　班集体的形成与发展

班集体形成的过程，需要经历以下几个阶段。班主任只有把握好班集体发展阶段的不同特点，采取恰当的方法，才能有效地引导班集体的成长。

一、组建班级阶段

一个新班里面几十个学生来自不同学校、家庭，每个人都有自己的特点，再加上学习环境的变换，新的学校、新的班级、新的老师、新的同学，对他们来说一切都是新鲜的、好奇的，同学之间、师生之间都是陌生的，彼此间都需要了解、需要适应、需要建立情感联系，这是班主任工作最辛苦、最繁忙的时期。班主任刚接一个新班应首先考虑进行的工作是如何将一群情况迥异、彼此陌生的孩子组织熟悉且团结起来。这一阶段班级的特点是群体松散，班级对同学缺乏吸引力，共同的价值目标和行为规范尚未形成，班级学生自我管理的机构尚未真正建立，学生群体本身无教育能力，处处都依赖班主任决策、指挥，离开班主任就很难开展集体活动。这一阶段是班集体建设的基础阶段，若不抓紧，工作懈怠，则会出现松弛、涣散情况，导致不良后果。因此，班主任要全身心投入班级工作，一方面抓紧时间全面了解和研究学生，寻找、选择积极分子加以培养，另一方面要向全班贯彻学校的各项规章制度，严格要求每一位同学，并向全班提出切实可行的目标要求，让积极分子响应与支持，同时精心设计主题班会，指导学生开展活动，增加学生交往频度，促进了解，逐步提高班集体的吸引力，为下一步工作打下良好基础。这一阶段的班级建设主要由班主任带领学生，引导班级前进。

二、班集体初步形成阶段

班主任经过前一阶段耐心细致的工作，对全班同学中哪些人可以成为班干部，哪些人是班级中的热心肠，哪些人有何特长，哪些人能力高低等已心中有数。同时，经过前一阶段开展的一系列活动，同学之间在交往中开始熟悉，并产生感情，各种人际关系也初步形成，班级中的积极分子已崭露头角，同学之间产生一定的信赖与友谊。此时，班级骨干力量已趋于明显，班主任应抓住时机，适时地组建班委会，通过民主评议，将一些真正有号召力、有组织能力而又热心为集体服务的学生选入班级管理机构。这一阶段班级的特点是集体核心初步形成，班级的凝聚力较前一阶段增强，班级的价值目标和行为规范虽被学生认同，但尚未完全变成学生的自觉行为动机与标准；教育要求仍多是外因在起作用，班集体的教育能力处于初级阶段。针对以上特点，班主任一方面要加强对班干部的教育指导工作，对他们提建议、教方法、严要求，充分发挥班委会的作用，由班干部自己组织开展班级工作，组织集体活动，在工作中锻炼他们的能力、意志、思想情操，使他们逐渐懂得自己是集体的代表，有权、有责任约束全班同学维护集体的利益，爱护班集体荣誉，遵守班上的各项规章制度，而自己不仅是班干部，也是班集体的一个成员，要求其他同学做到的，首先自己要做到，以身作则，严于律己，给同学起到榜样、示范作用，学会班级工作的方法。另一方面还要继续发现培养积极分子，帮助班干部把这些人团结到班委会周围，以扩大班级中的骨干力量，成为班集体建设的主力军，这样，班主任便可逐步从插手班级活动状态中解脱出来，使班级管理的机构有效发挥作用，多种教育功能得以体现。

三、班集体的形成发展阶段

在前一阶段工作基础上，班级学生群体已形成班集体。这时班级的特点是：班集体领导核心已经形成；班干部能各司其职，各负其责，积极主动地开展各种活动；班委会已成为坚强有力、团结和谐能独立开展工作的集体领导核心，并成为班主任工作的得力助手；全班已成为一个组织制度健全的有机整体；价值目标和行为规范为全班同学所内化，班级教育目标已成为学生自己的奋斗目标，集体已成为教育的主体；集体的凝聚力增强，班集体的正确舆论与集体荣誉感基本形成；学生愿意认真参加班级各项活动，积极承担集体工作，乐于为集体服务，则说明班集体已具有巨大的向心力，争当积极分子的人越来越多，良好的班风已形成。这时班主任要提出更高层次的奋斗目标，要抓紧提高干部素质，扩大积极分子队伍，要协助党、团、队发展组织，提高各项活动的质量，充分发展学生的个性特长，引导班集体健康成长。

班集体的形成与发展过程是极为复杂的，从组建到基本成熟再到能做到自我管理、自我教育的阶段很难截然划分，要使班级管理从"必然王国"发展为"自由王国"，班主任必须充分了解班级形成的规律，适时了解班级发展中所处的阶段，采取相应措施，创造性地把班集体推向一个新的阶段和水平。

第三节　组织和培养班集体的方法

良好的班集体不会自发形成，而要在班主任精心组织和培养下才能逐步建立起来。组建班集体是班主任工作的中心环节。要组织良好的班集体必须做好以下几项工作：

一、确立班集体目标

（一）确立班集体目标的作用

确立班集体目标，对班集体的建设具有多种作用。

1. 导向作用

制定科学、合理的班集体奋斗目标，可为班集体的发展和个体发展指明方向。班级目标具有对集体和个体发展方向的规定性，能引导全班同学为实现目标而团结奋斗。

班集体在不断提出新目标的过程中，使集体和学生个体不断朝着一个又一个新目标前进，不偏离正确的轨道，向着积极健康的方向发展。

2. 凝聚作用

为了实现班集体的共同目标，班级学生个体或者群体会形成相互的配合和协调，集中和凝聚班级的力量，为实现共同目标而努力。奋斗目标是班集体的前景和动力所在。

3. 激励作用

确立班集体的目标，就是要用目标不断召唤、动员、吸引学生沿着达标目的奋发进取。班集体目标是集体和个体发展的前景，班集体成员对实现目标具有"期望心理"，当目标能够满足学生的发展期望，对其成长和发展起到促进作用时，这种"期望心理"会成为激发班集体实现目标的内在动力。

4. 衡量作用

检查班集体建设的水平，评价班集体工作得失成败，评价班集体成员的表现，要以班集体的目标为依据和标准。只有班集体目标发挥着衡量班集体行为正确与否的作用，才能比较客观地评估现状，找到差距、实事求是地认识班集体及其个体自我。对于符合班集体目标要求的，有利于目标实现的，应给予支持和强化；反之就应该通过思想工作和组织措施加以控制和调整。班主任应充分发挥目标的衡量作用，以提高工作的效能。

由上可见，班集体目标可以激发学生有所追求、有所向往，使之产生持久的、积极的热情，产生不断进取的意志行为。班集体目标的确立对于组织和培养良好班集体的作用是显而易见的。

（二）班集体目标的构成

班集体目标包括管理目标和教育目标。无论是教育目标还是管理目标，每一项目标大致都可以分为远景、中景、近景三种。这三种目标是一个相互衔接的、完整的教育要求体系。实现目标是要紧紧围绕远景目标，逐个分阶段地、分层次地、由近及远地去实现，以此推进班集体不断前进。

1. 教育目标

教育目标是党和国家对学生身心发展方向和水平所寄予的期望和要求，它规定了人才的质量和规格。班集体教育目标，是从班集体成员的身心发展的现实水平出发，以国家的教育方针和培养目标为方向，实现国家期望和个人需要相互交融的产物，并集中反映了国家对年青一代的要求。教育目标是以动态的社会发展和需要为参考，而且具有多样性。教育目标应该和学生自身发展的目标基本一致，其核心是把学生培养成有创新精神和实践能力的合格接班人。班集体教育目标主要包括以下几部分：

（1）德育目标。世界各国对德育目标的表述尽管不一样，但基本上表现在以下五个方面：爱国爱家、道德高尚、遵纪守法、全面发展、国际意识。德育目标应是教学生学会做人：一是做一个社会人——其内涵包括良好的自我修养、家庭伦理、遵守社会规范、和谐的人际合作等，其核心是基础道德；二是做一个自然人——其内涵是人格健全、身心健康、积极进取的人生态度，核心是心理健康；三是做一个现代人——做一个"具有正确的政治理解"，适应现代社会生活发展的现代人，其核心具有创新精神。总之，要使其具有坚定的爱国主义、集体主义和社会主义的信念和健康的心理，健全的人格，以树立正确的世界观、人生观和价值观；要进行纪律与法制教育，使学生成为具有正确的社会公德、环境公德和创新精神的现代人。

（2）智育目标。会学、会用，学有特长，不仅能掌握"课程标准"要求的系统的科学文化知识，而且要在广泛的社会实践中培养学生的创新精神和实践能力。

（3）体育目标。学会健身，体魄强健，意志坚强。

（4）美育目标。懂美爱美，会美善美，学会创造美。

（5）劳技目标。学会劳动，学会生活，吃苦耐劳。

班主任要根据年级特点和学生的情况，按照总目标（远景目标）的要求，制定出符合实际的具体可检测的中景和近景目标。分层目标和具体目标应充分体现总目标的内涵，要以培养学生创新精神和实践能力为目标核心。

2. 管理目标

管理目标是指集体对维护和促进自身的组织结构和管理功能的期望和要求，它既标志着班集体在实现教育目标中形成的合力，体现集体的能动水平，又促进集体成员个性发展，满足成员需要。所以，班级管理目标是依据班级教育目标和为了实现班级教育目标，按照班集体的发展方向及其基本功能制定的。它为教育目标的实现创造了各种有利于学生创新精神和实践能力形成与发展的各种条件，如制度保证、环境熏陶、情感激励和精神感染等，即构建起班集体目标的激励机制，促进学生全面发展基础上的个性发展。我们应当注意：管理是为了把事情做得更好，为了提高工作效率，为管理对象提供更好的服务，但事实经常相反，一旦管理规章建立起来，管理者就会要求管理对象服从管理者，其中最受伤害的是人的创新精神。管理目标包括以下几部分：

班集体发展目标。以学生自主管理为特征的，和谐融洽、团结向上的成熟班集体。

班级文化目标。以教风优、班风正、学风好为特征的班级文化氛围，成为学生培养创新精神的舞台；具有科学的、人性化的班级制度，具有温馨的、教育意义的物质文化环境和心理自由与心理安全的催人奋进的精神生活。

班级组织目标。以自主管理为特征的完整的班集体组织管理机构，即由职权结构、角色结构、信息沟通结构相辅相成的有机组合的系统。

班级活动目标。有以满足学生多方面合理需要为特征的一系列活动的主题和内容；有以自主参与为特征的活动形式，并把培养学生创新精神和实践能力作为班集体活动追求的目标。

总之，班集体目标是一个由教育目标和管理目标构成的完整体系。班主任要带领本班全体成员制定一个科学的班集体的目标体系，把班集体的发展和学生素质的可持续发展引向理想境界。

二、健全组织、培养干部以形成集体的核心

培养和组织班集体必须注意健全集体的组织与功能，使它能正常地开展工作，发挥应有的作用。为此，一要注意健全和完善班级组织机构，二要注意班干部的选拔和培养。

（一）班集体组织的建制及其作用

在班主任的领导和帮助下，由学生组成的班委会，是班级管理的重要力量。班委会由班长和班委组成，一般人数比较多的班级还设有 1 ~ 2 名副班长，班长负责班委会的全部工作，副班长协助班长工作，各委员分别管理各项具体工作。共青团在班级的基层组织是团支部。团支部设支部书记和组织、宣传委员。班级团支部受学校党支部和团委的领导，在班级里主要做好团员和青少年的思想工作。为了使班级工作更有成效，更能调动大多数人的积极性，班级还分为若干小组。各组推选 1 ~ 2 名同学任组长，负责和带动全组学生，搞好各项活动。

通过这一组织机构的团结和组织，全体成员为实现班集体的共同目标及巩固和发展班集体而奋斗。这一组织的领导者是受集体委托而形成的，他们有一定的权威性。领导者行使有效的权力，集体成员发自内心地信服和服从。在班集体形成的适应阶段，为了尽快让班集体运转起来，使班级成员顺利度过适应期，了解班集体目标的含义及其意义，班主任要尽快建立班委会、团支部（高中）。首先，要明确班委会、团支部（高中）应设置的职能部门及其分工，然后进行人员的配备。人员的配备要综合考虑人选的特长、工作经历、性别、地区等因素，以实现优化的组织结构，提高工作绩效。同时，班主任要将班级的学生分成若干小组，选好小组长，宿舍要有宿舍长，利用两个环境中学生有较多接触机会的有利条件，对班委会和团支部（高中）的工作形成重要的补充。为了尽快使班集体的工作进入正常化阶段，形成班集体的凝聚力，班主任可以引导班级成立各种兴趣小组。通过活动让学生感到在班集体的生活是愉悦而有意义的，使学生从对兴趣小组的喜爱向往扩大为对班集体的向往和归属。这样使班级群体能够在目标一致的前提下积极地开展工作，使班集体成员进入认识上理解、情感上接纳、行动上服从集体目标的理想状态。

班集体组织机构对于班集体的建设具有十分重要的作用。它是形成班内集体主义责任的依从关系，是提高班集体自主性水平的决定性因素。它明确规定了班集体公务性活动中成员之间的相互关系及其行为准则的集体主义性质。同时，它又是班集体进行自我管理、发挥自主能动性的组织基础。它是促进学生自身发展的有效手段。在班集体组织机构的实际运行中，学生按照集体主义原则处理个人之间、个人与集体之间的关系，这是一种社会化的学习过程，它把每个学生置于有利的地位，寄予不同的集体期望，同时满足学生的表现、交往、自我认识和肯定的需要，使学生获得自我的发展。

（二）班干部的选拔和培养

班干部是班主任工作的得力助手，有经验的班主任莫不把发现、选拔、培养、使用学生干部的工作放在重要地位。首先，班主任只有通过班干部才能贯彻好班级工作计划，开展各项活动。其次，由于班干部处于班集体的核心和骨干地位，能够影响班集体发展的方向，因此，及时发现、选拔学生干部并培养他们，无论对班集体的巩固和发展，还是完成班主任对全班学生的教育任务，甚至对他们将来的发展，都具有重要的意义。

1. 班干部的发现与选拔

班主任对班干部的选拔须有一个了解的过程。特别是接过一个新班的时候，要从多方面了解学生，通过对学生的鉴定表、体格检查表、日记、作文、作业本等查阅，与学生过去的任课教师、班主任、学生家长的谈话，以及通过学生课内外各种活动的观察，从中发现积极分子。一般来说，思想品德好、学习刻苦、成绩优良、关心集体、身体健康，能以身作则，起模范带头作用，在同学中有一定威信和一定工作能力而又热心班集体活动的学生可以选为班干部，并根据他们的特长和爱好分配适宜的工作。班干部的选拔既要有严格要求，又要适度；一方面要坚持一定的标准和条件，另一方面又要从本班学生的实际出发，立足于社会现实，不能要求过高；以发展的观点选苗子，同时还要兼顾男女生的比例。班干部的选拔方法很多，无固定的模式。但总的来讲班主任在选拔班干部时应注意以下问题：

（1）对学生要全面看问题，不要求全责备。学生正处于成长阶段，其知识不可能很丰富，其性格也不会十全十美，只要其主流是向上的、积极的，就应该给予他施展才能的机会，并用其所长，避其所短。班主任可进行民主评定，调查了解的基础上从三个方面去考虑：一是选择敢于管事的同学，二是选择成绩好具有一定能力的同学，三是选择较调皮但不乱来的同学。

（2）充分发扬民主，反对主观武断。教师眼中的班干部，一定要是学生心目中的带头人。班主任在选拔班干部的时候要充分征求学生的意见，在民主和集中的基础上，把有组织能力和有群众基础的学生选拔到干部岗位上，给予精心的培养。

（3）着力选好班长，使班子得到优化组合。班长对班级工作起着副班主任的作用。班主任如何选择班长？一般来讲主要看三条：一是有组织能力，二是心地善良、胸怀开阔，三是头脑聪明、思维敏捷。选好班长的同时，还必须注重在班级干部队伍组建中坚持优化组合的原则，要在有利于发挥成员各自特长的基础上，实行最佳组合，组建好班集体的班子。班主任要了解和熟悉学生的个性、品质、能力、兴趣爱好、学习成绩和身体状况，比较各人的特点、长处和短处、优点和缺点，根据各人的情况，按照先后程序有计划地、合理地把各类学生安排到较为合适的工作岗位，使干部之间能够很好地实现能力互补、知识互补和个性互补。

（4）要大胆面向全体同学，给每个学生表现才能的机会。在班集体建设的初期，各方面还没有走上正轨，同学之间比较陌生，彼此之间不够了解，班主任可以通过调研，挑选一批各方面表现比较好、能力比较强、有一定号召力的学生担任班干部，组成临时班委会。随着班集体经过了一段时间的共同学习和生活后，班集体建设步入正轨，班主任就可以采取民主选举的方式，让学生自己选出第一任的班级干部，组建班级组织机构。在班集体处于比较稳定的状态时，班主任可以大胆面向全体学生，培养和提高全体学生的组织和管理能力。所有的学生都是我们培养教育的对象，都是未来的人才，他们不仅需要丰富的科学文化知识，而且需要卓越的组织和管理才能，班集体建设的最终目的是要促进每个学生长大成才。

美国管理学家杜拉克认为："领导者应当明白每个人能力所及的界限，但也应明白这既是能力所及的界限，又是能力增长的起点。"意思就是要看到每个人都具有潜在的能力，锻炼不仅是一般的适应过程，它是使整个身心得到发展的过程，就是说，在锻炼中可以主动地开发每个人的才能。因此，班主任要给每个学生表现才能的机会，为他们的"适应"创造有利的条件。为了提高全体学生的能力，班主任应该尽量创造条件，让每个学生都有担任班级干部的机会。不少班主任探索实行"班级干部轮换制度"的做法是值得倡导的。在班干部的选拔使用工作中，"干部轮换制度"不仅可以使更多的学生参与班集体的管理，体会其中的快乐和艰辛，从而以主人翁的身份自觉地投入班集体的建设，而且更可以培养、锻炼他们的组织管理能力。"干部轮换制度"在每次执行时，要先保留原班委会、团支部中一定数量的干部，便于新老干部交接。新一轮干部上任后，要做好干部的培训工作，使他们能够尽快适应和熟悉工作。为了使学生获得更多的锻炼机会，班级也可以采用"助理班主任制度""星期班长制"等方式，使班级内各层次的干部定期轮换一次，可采取民主选举、无记名投票等方式选举。如果同时有几个候选人，就开展竞选，候选人发表"施政演说"，然后进行选举。任期满后，由全班来评定"政绩"。

2.班干部的培养与提高

班主任不仅要注意选拔好干部，而且要更多地着眼于在工作中对他们的培养与教育，使他们真正成为集体的核心。班干部既然是班级组织的骨干，是班主任的得力助手，班主任就要依靠、使用他们协助自己开展班级工作。班主任使用干部要遵循两条原则：第一，大胆使用的原则。"用人不疑，疑人不用"，班主任对班干部要给予充分的信任，并鼓励他们努力做好工作。对干部的工作，班主任不要包办代替，要让他们有自主权，充分发挥他们的能力，保护他们的积极性。第二，工作任务适量的原则。既要最大限度地调动他们的工作积极性，又要注意他们的负担、承受能力，在这方面，要以不影响他们的学习和健康为原则。一旦出现不适应情况，要及时进行调整。在实践中，有些班主任单纯地使用班干部，简单地向他们布置任务，而不付出精力去培养他们、提高他们，这就等于在无形之中扼杀了干部的工作积极性，也容易产生优越感，逐步失去骨干作用。还有的班主任采取放任自流的态度，班干部得不到帮助与指导，工作中遇到困难无法克服，时间长了，便失去搞好工作的信心。因此，班主任必须加强对班干部的培养教育。

（1）思想作风的培养。班主任在培养班干部的过程中，要注意加强班干部的思想教育，使班干部具有明确的认识和指导思想，树立全心全意为人民服务的观念。部分学生中存在有"当干部吃亏"的思想,有的学生学习好,工作能力强,就是不愿当干部。分析原因,一方面怕当干部影响学习,另一方面害怕得罪人。班主任要针对不同的情况,分别采取有效的措施,帮助他们树立为全班服务的思想,增强为集体服务的信念,强化做同学表率的决心和信心,同时可经常进行集体主义教育,使班集体形成"以能为集体工作光荣,以逃避公益工作可耻"的正确舆论。使班干部真正成为班级活动的积极分子,成为班主任开展集体活动,实现管理目标的得力助手和骨干力量。同时,班主任不仅自己要具有民主意识和民主作风,成为学生的知心朋友,还要培养班干部的民主意识,使他们成为同学的亲密伙伴。班干部应该是在民主气氛中产生,也要在民主环境中从事班级工作,只有这样才能使班干部发挥自己的聪明才智,使每个成员都体验到自己是集体的主人。另外,班主任要十分注意培养班干部自觉接受群众监督与严于律己的思想作风,增强自我约束力,不断充实完善自身。批评与自我批评,是一个集体生机勃勃,奋发向上的动力,是培养群众观点、民主作风的必要条件,充分认真地开展批评和自我批评,能使干部置于群众监督之下发扬民主,调动全班同学的积极性,达到既锻炼干部,又提高学生群体的主人翁精神,又能使班干部客观地认识自己的长处和不足,从而增进干部和同学之间的理解和信任,只有这样,班集体的正确舆论风向才能形成,良好班风才能建立,班集体才能坚强有力。

（2）工作能力的培养。一般来说,班干部的集体责任感较强,"当家做主"的愿望较高,但认识水平、工作能力、组织才干都处于学习、积累阶段。在工作中班主任要适时地加以指导。一个有朝气的集体,是在开展各种活动中形成和发展起来的。活动可以发现人才,活动也可以锻炼人才,在组织丰富多彩的班级活动中,班主任要充分发挥班干部的积极性、主动性,从全局出发随时给他们以指导,放手让班干部独立工作,而不要越俎代庖。当然,班主任也不能放任不管,要耐心细致,对班干部的工作一定要做到有布置、有检查、有总结,经常教他们开展工作的方法,帮助他们妥善安排时间,一旦发现问题要及时解决。经过一个时期的锻炼,干部的思想作风、工作能力、认识水平都会发生很大变化,提高到一个新的水平。

（3）工作方式方法的培养。为使干部顺利地开展工作,班主任必须对他们进行工作方法的指导,使他们能够根据不同情况运用不同的方式方法。如某一项工作如何去组织安排,出现意料之外的状况如何处理,采用怎样的方式方法才能有实效,等等。在培养中,班主任既要有言传身教,也要及时组织干部进行必要的学习和经验交流,帮助他们尽快掌握正确的工作方法。

（4）班干部威信的树立。班干部在班级组织中所起作用的大小,很大程度上取决于他们在同学中间的威信如何。班主任要用一分为二的观点来看待干部,既要看到他们的长处、成绩,又要留心他们的困难和不足。要教育干部在各项工作中以身作则起模范带头作用,不断对他们加强思想教育,培养他们的集体荣誉感、责任感,帮助他们克服工作中的困难。在他们出色完成任务并为大多数同学所承认时再去表扬他们,威信就容易建立起来。对班干部的缺点和错误,要及时给予批评帮助,与同学一视同仁,否则,班主任和干部都会失去学生的信任,容易滋长班干部骄傲自大,虚荣漂浮的思想，不利于干部的成长，要尽量多地要求一个人，也要尽可能多地尊重一个人。对犯了错误的班干部，要积极帮助他们认识和改正错误，不要简单罢免了事。

有这样一个例子，在一个班上，班干部和几个同学犯了同样的错误，班主任首先严格要求干部，做了大量的思想工作，干部认识到自己没有以身作则造成了不良的影响，在班上做了自我批评。班干部严于责己的自觉行动，带动了其他几个同学，他们也认识到自己的错误，做了自我批评。这样班干部的威信非但没有降低反而更加提高，并促进了批评与自我批评风气的形成。对于干部的威信，班主任要有敏锐的观察力、鉴别力，要充分了解干部的威信是建立在什么基础上的，不要为某些表面现象所迷惑，对于弄虚作假骗取信任、利用职权蛮横高压者一定要及时批评教育。

培养学生干部是一项不间断而又复杂的工作，班主任要有耐心，要有计划、有目的地进行。对班干部的培养、提高要根据不同学段、不同班级特点区别对待。只有这样，学生干部才能不断进步，才能把班级工作提高到一个新水平。

三、抓好集体活动，开好主题班会

（一）抓好集体活动

班集体的凝聚力都是在共同的活动中逐步形成和发展起来的。因为只有在为实现班集体的共同目标而进行的一系列活动中，全班学生才能得到充分交往、互相了解、建立友谊，为形成集体奠定心理基础；才能健全班集体的组织机构及其功能，更好地分工协作，把全班同学的积极性都调动起来，形成集体的核心；才能激发出学生的工作责任感和集体主义精神，帮助学生学会正确处理人与人、个人与集体、班级与学校、学校与社会之间的关系，形成正确的班级舆论导向。有计划地开展丰富多彩的集体活动，能有效地增强全班学生对班集体的向心力，增强班集体的凝聚力和战斗力，并为发展学生的个性和特长提供广泛的机遇和条件。为此，开展班集体活动要特别注意内容的选择：

1. 要选择针对性强的教育活动内容

所谓针对性，就是要求围绕本年级的教育目标及其教育要求，从班集体和学生个体的现状和实际出发，有针对性地选择和组织活动的教育内容，进行有的放矢的教育。内容针对性强，才能使活动指向更加鲜明。

班集体活动内容的针对性主要包括：一是指班集体的形成发展具有自身的规律和特点，要求班主任选择适合班集体不同发展阶段、发展层次特点的内容来组织教育活动；二是指中小学生因处于不同的年龄阶段，他们的心理和生理具有自身的特点和差异性，思想状况、兴趣爱好也各不相同，要求班主任选择针对学生不同成长发展的身心特点和内在需要的教育活动内容；三是指当班集体及其学生中出现具有倾向性问题的时候，要求班主任选择有倾向性问题的教育内容开展活动；四是指班集体的学生虽然在一个共同的大环境下生活学习，接受近乎相同的教育，但是由于每个学生的家庭条件不同、经历不同，由此每个学生个体具有不同的教育文化背景、性格情趣等，要求班主任选择针对学生个体不同特点的教育内容，实行因材施教；五是指在当今改革开放的时代，学生有许多迫切关注的社会政治经济文化等方面的热点问题，要求班主任选择针对学生所关注的热点问题有重点地组织教育内容，进行引导教育。这种针对性的教育，可以避免因简单说教让学生产生逆反情绪甚至对立情绪，而实现较好的教育效果。实践证明，活动内容的针对性越强，收效就越明显。譬如，班主任根据班集体形成发展的规律来选择适合不同发展阶段、发展层次特点的活动。一般来说，在班集体形成的初级阶段，通常适宜选择一些简单的、有趣的、有利于增进同学之间相互了解、同学之间互相帮助的活动形式，使同学之间缩短心理距离，融洽同学之间的关系，同时能让大家感受到班集体的温暖和活力，形成对班集体初步的归属感，如"在新的起跑线上——自我介绍演讲会""自行车郊游"等活动。在班集体形成的完成阶段，通常采用互助小组或者班级活动比赛等，把个人的发展与班集体的活动结合起来，引导学生有组织、有计划地完成集体交给的任务和目标，培养学生的荣誉感、责任感和自豪感，如"时事知识竞赛""美之室——宿舍环境美化比赛""小组辩论赛"等活动。在班集体的成熟巩固阶段，通常采用系列主题活动的方式，带领学生为班集体和个体的近期目标、中期目标和远期目标的实现而奋斗；同时以自我教育和自我管理为主题选择一些活动，进一步培养学生班集体主人翁的意识和自主、自立、自理等能力，使班集体成为健康、团结、奋发的集体。在班集体形成发展的过程中，班主任要选择符合班集体形成发展规律的集体活动，这样的教育活动才能有的放矢，使班集体的建设顺利进行。

2. 要选择贴近实际、贴近学生生活的教育活动内容

学生的生活实践是丰富多彩的，只要我们通过敏锐的感触对学生的生活实践进行仔细观察和认真思考，就能够从中提炼出富有生命活力和教育意义的活动内容。

（1）在缤纷多彩的学校生活中去发现和挖掘活动素材。在绚烂的校园生活里，有着许多新老故事；班集体中的同窗好友、熟识的伙伴，每天都在获取新的知识，追求新的进步。班主任只要仔细观察和认真倾听学生所关注的热点问题，认真收集、整理学校和班集体"存盘"，就会发现许多出人意料的好题材。

（2）从学生个人的成长经历中去寻找组织活动的素材。每个学生都是一个大写的"人"，拥有独一无二的"我"。在成长的经历中，学生会经历许多开心事、烦心事、顺心事、伤心事，班主任可以把这些事提炼成为活动的内容，通过精心的安排，让学生在活动中展示真实的自我、认识真实的自我、超越自我，实现自我完善和自我发展的目的。如开展"解决烦恼我能行"，设计"遇到烦恼我来讲""解决烦恼出主意""走出烦恼困境的实践"等系列主题活动。

（3）从广阔的社会生活实践中发现、提炼活动素材。随着改革开放的深入，学生的社会生活实践空间变得十分宽广，从中提炼有价值的活动素材，能让学生在活动中认识社会、参与社会、适应社会，成为有爱心、有责任心、有良好行为习惯和个性品质的社会需要的人。培养教育学生的根本目的是要让学生在接受基础教育后能够顺利地成为社会公民，融入现实的社会生活。因此，班集体活动的教育内容应该具有社会

性，要善于到社会生活的实践中去汲取。这样的活动能使学生将学习生活与社会生活结合起来。在结合的过程中，学生在课堂上学到的认知得到进一步的理解和深化；学生的个人道德经验在社会要求中得到检验，这种检验是学生道德理念和行为得以矫正、确立和进步的重要动力。因此，班主任要在新的社会环境中选择具有社会性的教育内容，使活动紧密联系社会发展现实。我们正在向全面建设小康社会的目标前进，正面临着经济全球化和知识经济时代的到来，这是教育的社会条件和时代背景。班集体活动的内容也要面向学生的社会生活实践，要符合时代社会的发展和要求。学生的实践生活是多姿多彩的、生动活泼的，蕴含着极其新鲜、丰富、宝贵的教育题材，关键在于班主任要做个有心人，要善于去寻找、发现、挖掘、提炼和组织。

（4）要选择具有系列性、连贯性的教育活动内容。从班集体教育的内容来看，包括德、智、体、美、劳五个方面；从班集体成长发展的阶段性特点来看，活动内容应该体现高中各个年级段的系列教育要求；从班集体单项重点教育内容产生的影响力来看，活动内容的设计应该具有连贯性特点；从人的认识规律来看，活动内容的设计应该遵循"由浅入深，由低到高"的认识规律。因此，班集体活动内容的选择，要根据班集体学生的实际情况，有统一的、连贯性的计划，通过围绕阶段目标的要求设计系列性的活动，以实现总的教育目标。系列性教育内容的活动，能使其教育功能产生连续、集中、深化、强化的作用。如主题为"家乡改革开放二十五年"的班集体系列活动设计有"家乡变化"摄影展、"家乡变化"赛诗会、"工业科技园奠基仪式"模拟新闻发布会、"家乡巨变"小记者采访等活动，就能够产生较好的教育效果。

（二）开好主题班会

主题班会不仅能行之有效地解决问题，而且对班集体和学生的成长也有着积极的影响。主题班会是由班委会在班主任的指导下，围绕一个主题或针对班上的某个问题而组织的教育活动。它是班级教育活动的中心形式。组织主题班会应精心布置，充分准备，注重实效。要组织好主题班会，应当做到以下几点：

1. 主题突出，针对性强

主题班会首先主题要突出，要有较强的针对性。主题班会应根据学校和班级工作计划组织开展。其针对性是建立在了解学生思想实际和年龄特征基础上的。学生的思想是受社会政治、经济、文化、形势影响和制约的，有积极的一面，也有消极的一面。不同年龄的学生，在心理发展水平、兴趣爱好、理想追求和个性特点诸方面，又有差别。班主任对此要有较深刻的了解，才能决定每次主题班会要达到的目的、解决的问题，从而形成主题班会的主题，并根据主题拟出简明醒目、具有吸引力、能激发学生情感的题目。如近几年来市场经济冲击着学校，新的"读书无用"论严重影响着学生。针对这种情况，一位有经验的班主任组织了"让理想展翅飞翔"主题班会。会上，不同类型的学生，在进行充分准备的基础上，结合自己的思想实际，谈了自己的理想和打算，有的学生歌颂了"为中华之崛起而读书"的崇高思想境界，分析了"读书无用"论的危害。这样的主题班会紧紧扣住学生的思想实际，解决了学生感到困惑的问题，达到了活动的预期目标。

2. 内容丰富，形式新颖

主题班会的主题必须通过丰富的材料，从不同的角度、不同的侧面予以反映。因此，确定班会主题后，必须动员学生围绕主题搜集素材。如学生是怎么想的、怎么说的、怎么做的，其产生的原因是什么；二是借用与主题有关的材料，如典型人物的典型事迹，有关文学作品和学生自己创作的演讲稿、文艺小品等。班主任对各种材料要进行严格的筛选，使之既丰富多彩，又有较大的教育意义。内容选定之后，就要考虑采用什么形式。中小学生喜欢新颖、活泼、有感染力的形式。根据学生年龄、性格、爱好等特点，不少班主任开展了下列主题班会：一是社会调查汇报会。为了有针对性、有说服力地对学生进行思想教育，配合政治课教育让学生走出课堂，到工厂、农村、街道参观访问，然后召开班会，让学生汇报调查情况。二是主题故事会。让学生围绕班会主题，选编故事。三是演讲会。如我爱家乡演讲会。四是小能手竞赛主题会。五是测试性抢答题班会等。

3. 层次分明，系统性强

班主任对学生进行思想、道德教育要有长远计划，要将某一方面的教育内容编排成单元，使主题班会活动具有层次性、连续性，以使之步步深入、步步提高、循序渐进。如一位全国模范班主任在任初二班主任时，曾设计了爱国主义系列主题班会，通过"我爱祖国山河美""当我喝到滦河水时""爱国英雄故事会""我爱中华演讲会""学英雄思想，走英雄道路"等五次主题班会，激发了学生的爱国之情，达到了培养学生"知中华、爱中华、为中华"的教育主题的要求。有的班主任在高三毕业班，组织了"我十八岁生日""二十一世纪的我""我的思想"等教育系列主题班会，也收到了很好的教育效果。

4. 主导主体，相得益彰

主题班会从了解学生情况、确定主题、选择材料到组织实施，无疑班主任要起主导作用。然而，主导作用绝非意味着一切由班主任包办代替。诚如有的班主任所说，"主题班会是学生自己教育自己的好形式"，"准备主题班会的过程就是受教育的过程"。班主任应充分调动学生的积极性，发挥其主体作用。每次主题班会都应让学生献计献策，自己筹备，自己主持召开，让学生成为活动的主人。这样不仅可以培养学生自治自理能力，还会收到较大的教育效果。如某中学，针对学生对家乡缺乏了解、缺乏热爱之情，组织了"家乡新貌考察报告""家乡名优知多少汇报会""家乡新貌展览""热爱家乡诗歌朗诵会""把青春献给家乡"系列主题班会活动。这些活动从确定主题、调查搜集材料、编排节目到制定议程召开班会，都是在班主任指导下由学生们自己去做的，不仅使学生受到浓烈的爱家乡的情感熏陶，而且极大提高了学生自治自理能力，使学生把爱家乡之"情"化为爱家乡之"行"。学生们都说："我们的命运和家乡、祖国的命运紧紧地联系在一起，为了家乡的繁荣、祖国的强盛，我们要立志成才，发奋学习。"

学生思想问题的解决，绝非一朝一夕之功，一次主题班会的召开并不是教育活动的结束，班会后的思想巩固和行动实践才是最终目的。因此，班会后班主任要善于创造条件让学生把自己的思想转变为行动。

四、培养正确的舆论、建设良好的班风

只有在集体中形成正确的舆论与良好班风，集体才能识别是非、善恶、美丑，扶正祛邪，发扬集体的优点、抵制不良思想习气的侵蚀，才能使集体具有巨大的教育力量，成为教育的主体。这两者是一个坚强集体的重要标志。

（一）培养正确的集体舆论

集体舆论是在集体中占优势的、为多数成员所赞同的言论和意见。它以议论、褒贬的形式肯定或否定集体的动向和集体成员的言行，成为影响个人发展的一种力量，是集体成员自我教育的一种重要手段。正确舆论的宣传和发动起鼓舞人心、催人进取、指点道路的作用，具有导向性、号召力、感染力。在班集体的影响构成中，集体舆论占有突出的地位。正确的集体舆论是学生自我教育的手段，也是形成和发展班集体的巨大力量。班集体舆论对学生影响往往要比班主任个人的力量大得多、有效得多。正确的集体舆论不是自发形成的，它有赖于班主任做大量艰苦细致的工作。班主任培养班集体的正确舆论可采取以下办法：

1. 不断提高学生分辨是非的能力

班主任要经常对学生进行思想品德及作风方面的正面教育，提高他们分辨是非的能力，促使全班学生树立正确的是非观。同时，对班集体中具有普遍性、倾向性的不良现象和问题，或具有教育意义的"闪光点"，班主任要及时抓住，进行有分析性的讲评。这样，就为形成良好的班级舆论打下了较好的思想基础。进行正面教育时，一定要符合学生的心理特点和认识规律，要做到生动、活泼，讲道理要深入浅出，切忌抽象、空洞。

2. 及时表扬好人好事

表扬好人好事，也是在批评不良的言行。正确的舆论总是由点到面，由少数学生逐步扩大到全班。因此，在日常生活中，班主任要善于发现学生中的好思想、好品德，及时给予表扬，并及时联系当前社会上所宣传的先进人物及其事迹，推动正确舆论的形成和传播。同时，又要注意观察，尽早发现学生中出现的某些错误的看法或不良行为的苗头，及时地进行批评教育，抑制不良言行的萌发和蔓延。

3. 严格要求，反复实践

正确的舆论要经过长期艰苦的努力，经过量的积累，逐渐发展为质的变化。班主任还可利用墙报、专栏等集体舆论阵地来指导班级集体舆论，并经常引导学生开展批评与自我批评，养成自我评价、自我监督的习惯。教育家叶圣陶说过，教育就是习惯的培养。而习惯的培养是一个长期的过程，有"习"才有"惯"，好习惯也只有经过

反复的训练才能形成。好习惯一旦形成，就会使人受益终身。有一些事情，靠毅力也能坚持，但需要克服痛苦，但是要靠习惯，就会十分轻松。我国教育家黄炎培先生提出："习惯能支配一切行动。有良好之习惯，乃有良好之行为。教育之所以有效，全靠习惯"，并采取分四步培养良好习惯的方法：第一步，养成吃苦耐劳之习惯；第二步，养成剖析事理，解决事务之习惯；第三步，养成服务社会之习惯；第四步，养成自治服从之习惯。他为了培养学生吃苦耐劳的习惯，提倡学校一切洒扫、清洁、招待等事，均由全体学生轮值担任；为了培养学生的责任感和协作精神，主张举办"职业市"，让学生在为公民服务中养成良好的道德素质。黄先生提出的这些培养良好习惯的方法、途径，至今仍不失有用之光彩，值得我们学习借鉴。

4. 运用宣传工具促成良好舆论

有经验的班主任无不把宣传工作看成是鼓舞士气、促成良好班级舆论的重要一环。因此，班主任要善于抓宣传工作，充分利用宣传工具，以促成和引导班级舆论，如墙报、学生的好作文、小制作和发明展览等。班内墙报（或板报）的内容，可以说是班级精神风貌的反映。它可以配合班级工作，引起全班学生对班内存在的各种问题的关注和讨论，可以对好人好事进行表扬，对不良现象进行批评。由于墙报、展览等有着相对时间较长（如一周）和可观性的特点，在引导学生明辨是非、调整自己的言行上，有着突出的作用。

健康向上的班级舆论的形成，需要一个持续努力的过程。只要我们高度重视，常抓不懈，方法得当，那么，一个健康向上的班级舆论就会较快地发展。

（二）建设良好的班风

班风是一个班级特有的风貌，或整个班级的风气。它是班级绝大多数学生言论、行动和精神状态的共同倾向或表现。

1. 良好班风的内容

（1）良好的学风。学风是学生在校学习生活过程中，所表现出来的精神面貌，是学生长期接受学校教育和影响形成的行为风尚。学习风气是一种无形的力量，它通过潜移默化的作用方式，对人才培养的质量起着重要的作用。学生以学习作为主要任务，因此，学风是班风的重要内容。班主任要在有计划地抓好学习目的教育的基础上，培养良好的学习习惯，使全班同学都能做到认真预习、认真听课、认真复习、认真作业、认真参加活动课程的学习并坚持独立思考。

（2）自觉遵守纪律之风。班集体每位成员都能自觉遵守纪律是良好班风的重要组成部分。纪律对于学生学习和班集体成员的关系有着重要影响，强调纪律的目的就是要使学生有效地学习，使集体在某些共同事情上同心协力。良好的纪律要通过班主任和任课教师的管理和谆谆教诲才能形成，有了自觉的纪律才能创造最佳学习情境。

（3）团结友爱之风。人际关系中最友好的方式是以高度的信任和尊重为标志的。这种信任和尊重存在于不同年龄、不同地位的人们之中。因此，班主任也要充分信任和尊重学生，诚心诚意地爱护他们，同时还要精心培养全班成员团结友爱的关系，使师生间、干群间、同学间具有亲切感、同情心和友谊，从而使每个同学都在感情上与班集体形成一种不可分割的向心力，形成团结友爱、互谅互敬、互帮互学的良好风气。

（4）批评与自我批评的舆论之风。班主任要抓班风建设，可以经常结合分析本班发生的具体实例，培养学生辨别是非的能力、自我评价和自我教育的能力，引导学生自己管理自己，自己教育自己，形成自觉地开展批评与自我批评的风气。"好事有人赞，坏事有人管"的公正的集体舆论，不仅是班风的重要内容，而且也是促成其他良好风气的重要途径。

2. 建设良好班风的方法

优良的班风是在班主任长期培养下逐步形成起来的。在实践中，应做好以下几个方面的工作：

（1）优化学风，抓好核心。学生的基本任务是学习，所以班风建设必须围绕学风进行。班风建设的成败首先体现在学风上，一种勤奋向上、严谨治学、刻苦钻研、勤于思考的良好学风的形成，正是学生拥有正确的学习目标、动机和动力的具体体现。因此，班风建设，必须以树立良好学风为核心，促进良好班风的形成。

（2）提高认识，加强指导。班主任在接一个新班后，要有意识地结合本班学生的具体情况，向学生讲清树立良好班风的重要性，提高认识，加强指导，增强自觉性。中途接班的班主任要在了解班级过去已形成的班风基础上，对其优良的班风予以爱护和扶植，并使之更加充实和完善。

（3）把握"第一"，抓好定势。根据心理学"先入为主"这一规律，班主任要认真做好开学工作，搞好入学教育及常规教育。特别注意"五个第一"，即做好第一次发言，开好第一场主题班会，处理好班级出现的第一个问题，办好班上的第一件实事，安排好任课教师与学生的第一回见面等。班风建设就是从这样若干个"第一"开始的。开了好头，就有了主动权，就为班风建设的正规化、科学化奠定了基础。

（4）明确目标，抓好导向。班级奋斗目标是班风建设的重要支柱及主导方向。目标一旦确定，就要牢牢把握，把它变成师生的自觉行为、努力的方向和工作的目的。在实现这一目标过程中，班风建设的内容就会不断得到充实和完善。

（5）坚持"三化"，抓好常规，即坚持经常化、制度化、科学化抓好班级常规工作。抓好常规既是班级管理的一个重要内容，也是班风建设最有效的一个途径。我们知道，班风往往带来的是班级成员的一种自觉行为，而规章制度是带有强制性的。但任何自觉行为都是在强制执行的基础上经过努力逐步发展而来的。常规是班风的直接表现。因此，在班风建设中，必须依靠常规工作的"三化"，通过校规、校纪、班规、班约，使班风的形成有规可循、有章可依，进而加快班风建设的步伐。

（6）强化集体观念，抓好舆论。集体舆论的监督，能够锻炼学生的性格，培养学生的意志，能够培养学生好的个人行为习惯，能够培养学生对集体的自豪感和责任感。良好的集体舆论既是班风建设的一个内容，也是班风的表现形式之一。因此，在班风建设中，要大造舆论，来强化班风的约束和激励作用，强化班级成员的集体意识。

（7）班主任从自身抓起是关键。班主任是班风建设的具体组织者、设计者和监督者，是班风建设成败的关键。在班风建设中，更须身先士卒，从自己做起。尤其是独特班风的形成更是班主任工作作风的体现。班主任要善于开动脑筋，创造性工作，要言而有信、言而有行，时时处处做表率，起到带头作用，才会使班风纯正。

（8）发挥班级特长。班级特长是本班区别其他班的专长，班级专长给同学们带来的集体荣誉感最强，使同学们有较强的自豪感，有利于良好班风的形成。

第六章 高中班主任班级管理实践

一个班级管理得好不好，关键要看班主任是否心系学生，有治班良术。班主任作为班级工作的组织者和管理者，在学校的教育教学中发挥着重要的作用。班主任既是一门科学，也是一门艺术。目前班级管理存在以下问题：

一、班级管理随意化

在班级管理中，许多班主任缺乏明确的班级管理目标，仅凭经验，凭自己的主观意愿来管理班级。对学生的要求统一化、模式化，即成绩好的学生就是好学生，忽视学生的个别差异和内在潜能，限制了学生个性的发展。而且仅仅注重学生在校、在班这一段时间的管理，没有对学生终身发展负责。班级管理的随意化，导致了学生思想素质下降，心理素质差，法制观念淡薄，也人为地造成了学生的两极分化的局面。

二、班级管理内容片面化

（1）注重常规管理，忽视能力培养

当今社会对其成员应具备的素质提出了相应的要求。即要求学生具有很强的学习能力、适应能力、心理承受能力、交往能力、生存能力等。但在目前的班级管理中，班主任往往忽视学生能力的培养。他们仅仅注重维持班级运转的常规管理，如考勤、清洁、纪律、学习、行为规范的管理。

（2）注重学习成绩，忽视学习指导

学生的首要属性是"学习者"，其基本任务是学习，班主任搞好学习管理是学生完成学习任务的必要条件。班主任调动学生学习的内在积极性，教给学生科学的学习方法，培养学生良好的学习习惯，并创设良好的学习环境，对学生学习成绩的提高有重要意义。但在学习管理中，一些班主任常常以学习要求代替学习指导，以管理学习秩序代替学习管理，不注重培养学生的学习兴趣和学习习惯，缺乏对学生学习方法的有效指导。

三、班主任权威绝对化

大部分班主任处于班级管理的绝对权威地位，从班规的制订，班委的确立，管理的实施，监督的进行，到学生的评价，都由班主任说了算，学生成为被管制的对象，没有参加班级管理的机会，主体地位根本无法保障。班主任权威的控制主义管理忽略了学生的自主性、主动性、积极性和创造性，遏制了学生的个性、情感、意志品格的发展，造成多数学生只会服从和循规蹈矩，依赖性强，创造性、独立性差，缺乏自我教育与自我管理能力，同时，班主任自己也容易陷入杂务之中，疲惫不堪，不利于自身的完善和发展。

四、班主任工作方法简单化

班主任教育方法在很大程度上决定着教育的质量和成果。有的班主任做了很多工作，但效果并不好，出现事倍功半的状况。这主要是因为不注重教育方法。多数教师爱用批评、讽刺乃至惩罚这种显性效果最明显的教育方法，但这种方法的负面影响也是明显的，有的一味批评惩罚，容易挫伤学生的自尊心，导致学生自暴自弃，破罐子破摔，甚至对班主任产生敌对情绪和逆反心理。

五、评价学生分数化，主观化

班主任常常以成绩好不好、是否听话、是否遵守纪律作为评价学生的依据。这种评价只关注学生的智育，没有全面考查学生的德、智、体、美、劳以及各种非智力因素。用单一的标准去塑造学生，用固定的框架去剪裁学生，抑制了学生的个性发展，使学生成为"单向度"片面发展的人。此外，一些班主任用"固定的"眼光看待学生，只重视学生的历史和现实表现，不注意对学生的潜力和发展过程进行科学分析的静态评价，不利于学生的健康成长和全面发展。

第一节 学生良好习惯的养成

班主任工作是以培养好习惯为重点的，在我们日常工作中，培养学生哪些良好习惯，要求是什么呢？老师一定要心中有数。下面几方面的要求是我们每位班主任老师一定要重视的。那就是我们反复提出的"十大好习惯"，我觉得这十个好习惯不仅适用于学生，同时也适用于我们老师。

一、一声问好

走进校园后主动向老师、同学问好。平时在校园里，遇见老师同学也要主动问好。要先教如何问好，包括上下课的师生问候。学校有重大活动时，主动向外来老师领导问好。

二、两个轻声：走路轻、说话轻

这是最难培养的好习惯。在各个楼层的楼梯口，都有提醒的话语，上下楼梯不奔跑，不吵闹。上午的广播操，老师都在楼下等待，这能充分体现学生的自觉。听到音乐，各班由班干部统一指挥，快速安静地走出教室，在门口排好整齐的队伍，听好音乐节奏踏步下楼。课间休息说话要轻。要求学生做到的，我们老师也要做到。我们在教育学生时也应控制音量。

三、三处整齐：课桌、书本、文具盒

早上到校后，要立刻将书包放在桌子里。每个课间，先做好下节课的课前准备，按照课间五部曲的要求，换上下一节课的书本，然后才离开教室进行活动、休息。这时候，班里的班干部就可以发挥作用。因为一节课下来，受到大家活动的影响，教室里的课桌可能有些乱，各班要督促值日生负责排齐课桌，给下一节课营造一个整齐的环境。老师也要时刻保持自己办公桌、讲台的整齐，做学生的表率。

四、四项自觉：自觉早读、自觉午休、自觉劳动、自觉作业

自觉劳动：每个值日生都要清楚自己的岗位和职责，自觉到岗，在规定的时间内按要求劳动，完成以后将课桌以及劳动工具摆放整齐，垃圾倒清，关好门窗离开。自觉午休：午餐结束后，同学们可以稍微休息一下，但是不要做剧烈运动。休息后自觉进教室，完成订正作业或者做一些当天的家庭作业。要注意读写姿势，抓紧时间，提高效率，不大声喧哗，影响他人。

第二节　新班级的管理

第一，从前任班主任了解每个学生的个人情况、家庭情况等。从细微处入手，了解每位学生。对学生在课堂、课间操、自习课和集体活动的表现，以及平时的言行举止也要注意观察，做好记录，为家长会、家访和平时研究学生心理提供依据。第二，老师要为人师表，要以身作则，感染学生，得到学生的信任。例如，自习课上学生有大声吵闹的现象，老师可以按时或早些进入教室，坐在空位专心做事，学生发现老师这样做后，内心自然产生不安和自责，从而改正过去的错误。第三，根据全班实际情况，利用自荐和竞争方式选拔出工作能力强且具有强烈的责任感的同学当班委，依照学校规章制度和中学生守则制订辅助性的细则。如"宿舍舍长负责制""室内班长负

责制""成绩奖励，成绩进步幅度奖励"等细则。树立遵守纪律的典型，形成以遵守纪律为荣，以违反纪律为耻的良好班风。第四，有的放矢，遥控管理当班级工作步入正轨后，可对班级进行遥控式管理。班主任可通过班干部间接管理，有效地教育学生。当然对班委的分工要明确细致，对班委要严格要求，对不胜任者及时教育或更换。

第三节　建设我们共同的家

班集体的建设是一个复杂的系统工程。良好班集体的形成与发展是班主任工作的终极任务。班级教育的特点是在集体中进行教育，通过集体教育学生，在集体活动中影响学生。

一、良好班集体的基本要素

一个良好的班集体应具备以下五个方面的基本要素：1. 集体目标；2. 组织机构；3. 人际关系；4. 规范舆论；5. 集体心理。

案例：老师的"懒"与学生的勤

一位教师在总结中这样写道：这学期，已有不少老师对我说：你变懒了，也有不少学生在日记中反映，曾老师现在不大关心我们了。的确，本学期我的表现与上学期相比简直判若两人。上学期，我就像一个全职的保姆，把学生从早到晚都管得严严实实的，在我的这种无微不至的"关怀"之下，我班取得了优异的成绩：连续四次夺得了纪律、卫生两面循环红旗；学习成绩也处于全校同年级上游。但也导致了一个后果：我整天围着学生转，搞得疲惫不堪；学生对我的依赖性很大：没有了我的提醒、督促，值日生就不知道要打扫卫生；我不在的时候，教室的纪律就难以保证；班干部在我的这种管理之下无事可做，形同虚设……学生如此重的依赖性正是我面面俱到的管理造成的，我的勤导致了学生的懒。如果长期这样下去，老师疲惫不堪，更不利于学生的自觉性、自主性，管理水平的锻炼、提高。我不能再这样下去了，我要反其道而行之，我要变懒，通过我的"懒"逼出学生的勤。这说明，班主任要充分相信学生，不要面面俱到，要给学生自主的空间，给班干部锻炼、提高能力的机会，也给自己钻研教材、研究教法、看书充电的时间，一举三得，何乐而不为呢？

二、班集体的教育功能

班集体作为一个良好的微观社会环境，是社会与学生交互作用的中介，其必然会对学生的成长产生着直接与巨大的影响。它具有四种教育功能：1. 教育功能；2. 社会功能；3. 个性化功能；4. 组织功能。

我们应客观地承认，每个班集体中都有弱者，对孩子中的弱者，不但不能歧视，反而应该加以保护。教师不注意的一句话，可能会创造出一个奇迹；教师不注意的一个眼神,也许会扼杀一个人才。其中的个性化功能,引用马克思曾经说过的一句话:"只有在集体中,个性才能获得全面发展其才能的手段,也只有在集体中才可以有个人自由。"也就是说班集体是满足个人需要的场所。班集体内角色的多样性和活动的广泛性,为学生个性和才能的发展提供了广阔的舞台。使每一个学生根据各自的兴趣、爱好和特长以及班集体的需要,都能在集体中找到一个适合自己活动和工作的角色与位置。那么我们就要给他提供这个机会以促进个性化发展。

三、文化建设——塑造班级灵魂

现在,社会越来越重视文化建设,把精神文明提到一个很高的高度,人们逐渐认识到加强文化建设的重要性,同时也看到其中带来的种种好处。不仅企业文化蓬勃兴起,校园文化也在蓬勃兴起。作为学校教育和教学最基本的活动单位——班级社会,它既是一种教育制度,又是一种文化模式,其核心内容就是班级文化。

1.班级文化的概念、功能、建设

班级文化是指班级成员在班主任引导下,朝着班级目标迈进过程中所创造的物质财富和精神财富的总和。主要包括精神层,如班级目标、班级道德、班级舆论、人际关系和班级风气等;制度层,如一日常规、课堂常规以及各种奖惩制度等;物质层,如张贴名人名言、悬挂国旗及班训、黑板报等教室内环境的布置。

教育功能是班级文化的首要功能,也是区别于其他组织文化的最主要特征。班级文化作为一种特有的教育力量,渗透于一切活动之中,它所形成的一种"社会——心理动力场",对学生心理素质的培养具有引导、平衡、充实和提高的作用。班级文化是以班风、学风、价值观念、人际关系和舆论等方式表现出来的观念文化和与之相应的行为文化和物质文化,对每个学生都起着潜移默化的教育作用,这种教育功能不同于课堂教育,它虽是无形的,但又是无处不在的,就像"润物细无声"的春雨,滋润着学生的心田,陶冶着学生的情操,塑造着学生的灵魂。其次是凝聚功能。班级文化能把班级成员的个人利益与班级的命运和前途紧紧地联系在一起,使个人与班级"同甘共苦"。班级文化是班级成员共同创造的群体文化,寄托着他们共同的理想和追求,体现着他们共同的心理意识、价值观念和文化习性。这种共同的心理意识、价值观念和文化习性会激发成员对班级目标、准则的认同感和作为班级一员的使命感、自豪感和归属感,从而形成强烈的向心力、凝聚力和群体意识。这种向心力、凝聚力和群体意识又会促使学生在日常学习和生活中时刻清醒地意识到"这是我的班级,我是这个班级的学生"。

班级文化所形成的规范体系,制约着学生的言行。这种规范一旦形成,就会成为一种强大的力量,使班级成员都能自觉地约束自己,让自己的行为符合班级规范。这是班级文化的制约功能。班级文化还具有激励的功能。班级文化能为每个班级成员提供文化享受和文化创造的空间,提供文化活动的背景以及必要的活动设施、模式与规范,从而有效地激发和调动每个成员参与班级活动的积极性、主动性和创造性,使其以高昂的情绪和奋发进取的精神积极投入到学习和生活中去。

班级文化的建设，主要有以下几方面：1. 物质文化建设。属于班级文化的硬件，是看得见、摸得着的东西。班级物质文化包含教室内的环境布置及师生的仪表等，是班级文化的基础及其水平的外显标志，具有"桃李不言"的隐性教育功能与教育效果。2. 制度文化建设。主要表现为班级规章制度，规章制度制订得好坏，是否科学、合理，是班级文化建设水平高低的一个重要标志，它不仅反映了一个班主任文化水平的高低，更反映了其班级管理水平的高低。3. 精神文化建设。是班级文化的核心内容。主要指在实践过程中被班级大多数成员认可的共同的文化观念、价值观念、生活信念等意识形态。它是一个班级的本质、个性和精神面貌的集中反映，并具体表现在班风、学风、班级集体舆论和班级人际关系等方面。

班级文化建设既是一门科学，也是一门艺术，它需要科学的理论体系作为指导，更需要优秀个案来给班主任们以"运用之妙，存乎一心"的启发。

四、让每一面墙壁都会说话

一个班集体必须形成独有的、可继承的发展的一种精神，这种精神可以通过创设一定氛围来体现、物化。班级物质文化对孩子的教育具有"桃李不言，下自成蹊"的特点，能使孩子们不知不觉、自然而然地受到熏陶，因此，我们应该改变那种有环境而无环境文化的状况，赋予班级环境一定文化色彩和教育意识，增强环境育人的功能。一旦我们使班级的各种物化的东西，都能体现班级的个性和精神，都能给孩子一种高尚的文化享受，那么班级文化也就如一位沉默而有风范的老师一样起着无声的教育作用。

在班级物质文化建设中，我们要充分发挥学生的主体性。学生是班级的主人，班级是学生的班级，班主任应带领全班同学，用自己的智慧和双手来布置教室，使他们在班级文化建设中得到锻炼和提高。在班级物质文化建设中，我们还要充分发挥班级文化的教育功能。班主任应注意把教育的意向、教育的目标等通过具体化的环境设计和布置充分表现出来，从而达到班级文化建设中教育人、培养人和熏陶人的目的。

五、关注学生精神生活，营造书香班级文化

有人说班级是一个大家庭，家庭呼唤温馨；有人说班级是一个小社会，社会呼唤和谐。我觉得班级应该有自己独特的魅力，因为班级文化是一门潜在的课程，往往起到"随风潜入夜，润物细无声"的作用。积极构建健康文明、富有特色的班级文化，满足孩子们发展的内在需求，孩子们的行为习惯、养成教育等方面就会有明显改观。因此，孩子们在学习之余，他们的精神生活如何，业余爱好有哪些，如何正确引导，构建书香班级文化氛围，是教师一直摸索思考的课题。

古代"孟母教子三迁"的故事和"近朱者赤，近墨者黑"的智语，无不强调了环境文化对孩子影响的作用。班级文化包括班级物质文化、班级制度文化、班级精神文

化这三个由浅入深的文化。

1. 以书香的物质文化取悦人

苏联教育家苏霍姆林斯基非常重视环境影响，他认为孩子们所接触到的一切，对他精神面貌的形成具有重大意义。的确，一个良好的学习环境，能够让人在一种自我、自主激励中，不断地发现并努力获取自己所需求的知识与技能。对学生思想的变化和世界观的形成产生潜移默化的作用。

2. 以多彩的行为文化丰富人

班级行为文化主要指班级开展的各种文化活动。它是班级文化中最活跃的因素，反映了班级的精神面貌、教学作风和管理水平，是班级精神和群体意识的动态反映。具有多层次、多元化、开放性的班级文化活动对于熏陶、培育并形成学生各种能力和习惯的功能日益明显。

3. 以开放的班级特色文化激励学生

班级是学校的"细胞"，班级文化是校园文化的基点，也是提高学校德育工作效益的生长点，更是社会文化不可分割的一部分，因此，班级文化向校园、社区拓宽，是完全顺理成章的事情。再者，校园、社区都蕴含着宝贵的文化资源和教育资源，班级文化向校园、社会拓宽，能丰富校园文化的内涵和底蕴，增强班级文化的凝聚性和吸引性；有利于改变班级文化的封闭性，增强开放性；有利于弘扬班级文化的创造性；有利于进一步激发学生参与班级文化建设的积极性。

（1）提倡"亲子读书"，将家庭引入热爱图书、享受阅读、热爱母语、享受经典的行列中来。向各位学生发放家长信，提出了"亲子读书"活动的基本要求：父母应督促孩子每天阅读课外书，中高段学生按要求做好读书笔记。经常为孩子购买一些文学书籍。平时多关心孩子的课外阅读情况，并给予一定的指导。开展父母与孩子"同读一本书"活动。读书社区化。能定期（如每月一次）带孩子到有关图书馆、图书室、新华书店等开展读书活动。有条件的家庭，可开展"网上读名著"等活动。同时向家长孩子们推荐了课外阅读书目。家长督促孩子每天阅读课外书，并给予一定的指导。要求定期带孩子到新华书店去"同读一本书"。这样有了家长的参与，形成书香文化家校的互动，才能真正使书香文化成为孩子们生活的有机部分。

（2）可以利用班队课开展一些丰富多彩的活动，以请进来讲座演习的方法，让孩子们在愉快活动之余收获一些书本上没有的知识。如科技请科学老师来讲一些如何写科学小论文的知识；联系消防队搞火灾逃生演习，以强化孩子们的自护自救意识。

4. 让班级文化走出教室

把孩子们读后感、读书笔记、手抄报等布置在橱窗里，发布在校园网上，给校园文化增添了勃勃生机，无声的班级文化作品，拓宽了兄弟班级同学间的视野，悟出了很多书本上学不到的道理。书香建设，是一项细致而漫长的工程，应该在学生的终身发展中起作用。

第四节　德育教育——班主任工作重中之重

德育教育就是班主任工作的重中之重。要想把学生培养好，千抓万抓，必须先抓德育。

一、建立新型师生关系

班主任要像"一团火"，对学生满腔热忱一身温暖；要像"一池水"，点点雨露滋润心田；要像"一盏灯"，照亮道路指引航程。在班级工作中注重启发引导教育感化尊重爱护每一名学生，不歧视任何人。树立"只要努力，每个人都能成才"的思想。大胆鼓励学生，发现自己的闪光点，优化他们的自我意识，调动学生的主观能动性，学会自己管理自己，自我管理的意识在班级中逐步形成。在这样的班集体中，学生可以做到自重、自爱、自信、自觉。充分发挥每个人的积极性。"没有爱就没有教育。"班主任工作的艺术就在于根据学生的心理发展规律，针对不同学生的心理特点，一把钥匙开一把锁，关心爱护学生，师爱和母爱一样是神圣伟大的。

二、抓集体主义教育，实现班集体共同进步

许多班主任在教育学生的过程中，往往把握不准对学生"爱"与"严"的尺度，不是对学生管得太松，太随便，失去师之尊严，就是束得太紧，管得太死，以致学生"谈师色变"。怎样把握好对学生恰当的"爱"和适度的"严"，做到爱中有严、严中渗爱，这是我们教育者尤其是班主任值得研究问题。

1. 爱学生是教育学生的起点和基础

教育不能没有爱，就像池塘不能没有水一样，没有爱就没有教育。

有经验的班主任都会有这样的体会，当学生意识到班主任教师是真心爱护他关心他，为他操心时，无论你是耐心的帮助，还是严肃的批评甚至是必要的斥责，学生都会乐意接受。这就是所谓"亲其师，信其道"，相反，如果班主任没有取得学生的信任，那么即使你教育目标正确，教育方法科学，教育也无法得到期望的结果。因为在教育过程中，学生既是老师作用的对象，又随时显示一种"反作用"，这种反作用表现在：班主任的教导和要求，都要经过他们情感的过滤或催化。如果师生没有达成信任，学生面对班主任教师的教导就无动于衷，严重的还会产生抵触情绪和对抗行为。这种感情上的相悖，怎能教育好学生？

2. 班主任对学生的严

在育人实践上，一些班主任老师对"严"的曲解、误用令人深思。在他们那里，"严"演变为体罚和变相体罚。心虽善，动机也好，但严而无格，爱必荡然无存，再不是"严

是爱"的范畴，而坠入了"严为害"的泥坑，学生的自尊、人格、上进心被"严"的霜风冷雨击碎。心灵受创伤，心理被压抑，久而久之将形成视"师"如仇的逆反心态。这种"严"，于事无补，于人无益，是对学生个性发展的隐性扼杀。真正的严应该是：

（1）严而不厉。任何时候对学生严格要求都是正当必要的。缺乏严格要求，放任自流，是对学生不负责任。但严格并不等于严厉。严厉意味着班主任态度的强硬、武断和偏执，严厉会使孩子产生惧怕、退缩心理。久而久之，学生依赖性、神经质、故意等不良心理都会滋生。因此，班主任对学生的态度应该是严格，而不是严厉。

（2）严而有格。"格"就是范围、分寸。班主任对学生的要求严但不能超过一定的范围，严要有分寸。如果班主任严而无格，乱严一气，乱批评人，势必会有不好的结果。

参考文献

[1] 白迎春.做一名有教育智慧的班主任 [M].沈阳：沈阳出版社，2018.

[2] 薄俊怀.班主任工作与专业化建设 [M].天津：天津科学技术出版社，2019.

[3] 陈楠.班主任 [M].北京：中国经济出版社，2010.

[4] 陈秋兰.班主任工作与德育 [M].世界图书出版有限公司，2011.

[5] 杜金柱.优秀班主任的治班之道 [M].青岛：中国海洋大学出版社，2019.

[6] 段惠民.做智慧班主任 [M].济南：山东文艺出版社，2016.

[7] 贡力.大学生班主任科学教育 [M].兰州：甘肃科学技术出版社，2019.

[8] 侯显伟，周换萍.现代班主任教学反思 [M].成都：电子科技大学出版社，2016.

[9] 胡小萍，叶存洪，夏小红.班主任工作与班级管理 [M].南昌:江西高校出版社，2018.

[10] 金效奇.班主任工作策略研究 [M].长春：吉林人民出版社，2020.

[11] 李家成，熊华生.中国班主任研究 [M].上海：上海交通大学出版社，2019.

[12] 李先杰.做一名智慧的班主任 [M].长春：吉林人民出版社，2019.

[13] 梁钊华.班级管理与班主任工作的理论与实践 [M].成都：西南交通大学出版社，2015.

[14] 秦大禹.灵魂的呼唤 班主任工作艺术 [M].武汉：湖北科学技术出版社，2016.

[15] 王国香.班主任心理辅导实务 [M].长春：吉林人民出版社，2019.

[16] 王红予.班主任管理策略 [M].成都：电子科技大学出版社，2017.

[17] 王建民，高建仁，莫仁.班主任专业化成长指南 [M].成都：西南交通大学出版社，2019.

[18] 卫发明，李勇，王蓓.小学班主任德育工作科研探索 [M].长春：吉林人民出版社，2020.

[19] 魏书生.班主任工作漫谈 [M].桂林：漓江出版社，2014.

[20] 谢玲玲.智慧班主任育人锦囊 [M].杭州：浙江少年儿童出版社，2017.

[21] 薛晓阳，蔡澄，申卫革.班主任工作原理与策略 [M].镇江：江苏大学出版社，2020.

[22] 叶国正等.班级管理与班主任工作 [M].南昌：江西高校出版社，2010.

[23] 张典兵.班主任与班级管理 [M].徐州：中国矿业大学出版社，2018.

[24] 张红.做学生喜欢的班主任 [M].青岛：中国海洋大学出版社，2019.

[25] 张文茂 . 班主任工作手册 [M]. 石家庄：河北科学技术出版社，2013.

[26] 张雪飞 . 班主任群体成长 区域策略和机制创新 [M]. 上海：上海教育出版社，2016.

[27] 郑学志 . 班主任与家长沟通的艺术 [M]. 北京：中国轻工业出版社，2020.

[28] 周友绪，杨连娟，王增祥 . 班主任工作 [M]. 北京：航空工业出版社，2018.